*Je vous raconte l'histoire
de la mode en occident*

ヨーロッパ服飾物語 II

内村理奈
RINA UCHIMURA

HOKUJU PUBLISHING
北樹出版

は じ め に

日頃感じていることから、話をはじめたい。

最近はしなくなったが、以前は、学生たちに「あなたにとってファッションとはなにですか」と、学期はじめの授業の冒頭で尋ねてみることがよくあった。「私にとって、ファッションは自分らしさの表現です」とか、「個性を表現するためです」という回答をもらうことが比較的多かった。おそらく、今も、学生たちに同じ質問をすれば、そのように答えてくれる人は多いかもしれない。では、いったい、その「自分らしさ」とか、「個性」とは、なにをもってどのように表現することができるのだろうか。

現代の日本の高等学校までの学校教育の中で、西洋の服飾文化に触れることはまずないといっていい。だから、筆者が大学の授業で話すような、遠い昔のヨーロッパの、とりわけフランスを中心とする服飾文化の、21世紀の日本とは異次元の、まさしく多彩な世界をはじめて目にするとき、学生たちのなかには、すこし面食らうというか、え！と驚く人もいるようだ。まず、そのファッションそのものの、独特さや、形の面白さ、色の美しさ、表現の豊かさ、繊細さや大胆さなど、現代人の感性からは生まれてこないような、色や形の不思議さにちょっと圧倒されてしまうのかもしれない。なかには、まったく興味がなかったのに、いつのまにか惹きつけられてしまった、という感想を述べる者さえ現れる。

色や形の面白さだけではない。その色や形が、昔の西洋の人びとの生活空間のありようや、社会環境や、感情生活に、どのように裏付けられ結びついて誕生してきたものなのか、すこしずつひもといていくと、さらに、現代人の感覚とはほど遠い物語が立ち現れてきて（いや、場合によると、現代人の感覚に案外近いような物語もある）、さらにびっくり、「へえ！」と目を丸くすることにもなるようだ。

西洋服飾史の面白さは、こういったところにあるのだろうと思う。まさしくそれは異文化体験そのものである。不思議だなぁと思った色や形が、こういう

意味があって、こういう人びとの気持ちや感性によって、このような過程を経て誕生したものなのだ、ということがわかると、遠い世界のものとはいえ、すこしは親近感が沸いてくる。それこそが、服飾史の醍醐味である。

　西洋の服飾文化には、まだまだ未知の世界が山ほど残されている。知れば知るほど果てしなく奥が深い。本書で語る内容は、そのような山のほんの一角にすぎないが、この分野の面白さが少しでも伝われば、と今回も願っている。

　ところで、最初に述べた、「自分らしさ」とか「個性の表現」について立ち戻ってみよう。服飾というものは、たとえ、「個性の表現」であったとしても、その人が属する社会や、集団や、文化や、経済のありかたなどの影響を免れることはできない。どんなに「個性」を表したくても、自分が生きている時代、生きている社会で容認された服飾しか、実際には身につけることはできない。「個性」をアピールしたとしても、その人が生きている時代と社会の刻印が服飾には表れるのである。だから、案外、「個性」の表現は簡単ではない。実際には、社会に容認されているファッションの中からセレクトした、その範疇のなかにおいての、「個性」だからである。それほど、服飾と社会や文化の結びつきは強いといえる。

　もうひとつ付け加えると、「現代日本」という枠組みのなかで、ものごとを考えているわたしたちに、西洋の遠い昔の服飾物語は、表現の多様性や、考え方の幅の広さや、思考の深さを、すこしは与えてくれるかもしれない。そのようなことも、ふと思う。

　北樹出版の福田千晶さんには、草稿を書く以前から話を聞いていただき、筆者の考えを汲んで丁寧な本づくりをしてくださった。『ヨーロッパ服飾物語』の続編を、このような形でしたためる機会をいただいたことに、心から感謝を申し上げたい。

　　2019年7月末　長かった梅雨がようやく明けた目白の研究室にて

　　　　　　　　　　　　　　　　　　　　　　　　　　内村　理奈

◇◇ ◇◇ ◇◇ ◇◇　CONTENTS　◇◇ ◇◇ ◇◇ ◇◇

はじめに ……………………………………………………………… 3

第Ⅰ部　服飾学のために

第1章　服飾学の意義 ―芸術や文学の作品理解のために― ……… 10
1．作品解釈と服飾 …………………………………………… 10
2．印象派とモード展 ………………………………………… 11
3．印象派絵画と服飾 ………………………………………… 12
4．文学作品と服飾 …………………………………………… 14
5．服飾学の意義 ……………………………………………… 15

第2章　モードの意味 ……………………………………………… 17
1．モードの誕生 ……………………………………………… 17
2．気まぐれなモードへ ……………………………………… 21
3．女性の生活文化としてのモード ………………………… 22
4．モードの意味 ……………………………………………… 24

第Ⅱ部　アート

第3章　雅宴画のリボン …………………………………………… 28
1．雅宴画に描かれているリボン …………………………… 28
2．トロワとランクレが描いたリボン ……………………… 29
3．「愛情の証」のファヴール ……………………………… 32
4．『フィガロの結婚』（1784年）のリボン ……………… 34
5．ルソーの「盗まれたリボン」（1728年） ……………… 35
6．恋人に贈るリボンのヴァリアント ……………………… 37

第4章　印象派の絵画とモード …………………………………… 40
1．モードとルノワールの「ロココ趣味」 ………………… 40
2．モードの高級化と大衆化：オートクチュール、百貨店、モード雑誌 …… 41
3．現代生活を描く印象派とファッション・プレート ……… 43

5

4．ルノワールの描いた服飾‥‥‥‥‥‥‥‥‥‥‥‥‥‥‥‥‥45

第5章　ルノワールの舞踏会‥‥‥‥‥‥‥‥‥‥‥‥‥‥‥‥‥‥‥‥50
　　　1．「ルノワール展」にて‥‥‥‥‥‥‥‥‥‥‥‥‥‥‥‥‥‥50
　　　2．ムーラン・ド・ラ・ギャレットの舞踏会‥‥‥‥‥‥‥‥‥51
　　　3．都会のダンス、田舎のダンス‥‥‥‥‥‥‥‥‥‥‥‥‥‥52
　　　4．舞踏会の装い‥‥‥‥‥‥‥‥‥‥‥‥‥‥‥‥‥‥‥‥‥54
　　　5．ルノワールの「舞踏会」‥‥‥‥‥‥‥‥‥‥‥‥‥‥‥‥57
　　　6．「生きる悦び」としてのモード‥‥‥‥‥‥‥‥‥‥‥‥‥58

第6章　ネオ・ロココのモード ―アントワーヌ・ヴァトーを中心に―‥‥60
　　　1．第二帝政期の「ロココ趣味」‥‥‥‥‥‥‥‥‥‥‥‥‥‥60
　　　2．*La mode illustrée* のモード欄の解説‥‥‥‥‥‥‥‥‥‥62
　　　3．アントワーヌ・ヴァトー関連服飾‥‥‥‥‥‥‥‥‥‥‥‥63

第7章　展覧会から生まれたマリー・アントワネット好み‥‥‥‥‥‥‥68
　　　1．皇妃ウジェニーとパリ・モード‥‥‥‥‥‥‥‥‥‥‥‥‥68
　　　2．ウジェニーのアントワネットへの憧れ‥‥‥‥‥‥‥‥‥‥69
　　　3．マリー・アントワネットの名前がついた服飾‥‥‥‥‥‥‥71
　　　4．1867年のプチ・トリアノンでの出展絵画における
　　　　　マリー・アントワネット‥‥‥‥‥‥‥‥‥‥‥‥‥‥‥‥76
　　　5．コンフェクションであったアントワネット関連服飾‥‥‥‥80

第Ⅲ部　メディア

第8章　モード雑誌と礼儀作法書‥‥‥‥‥‥‥‥‥‥‥‥‥‥‥‥‥84
　　　1．モード雑誌の歴史‥‥‥‥‥‥‥‥‥‥‥‥‥‥‥‥‥‥‥84
　　　2．礼儀作法書の歴史‥‥‥‥‥‥‥‥‥‥‥‥‥‥‥‥‥‥‥87
　　　3．モード雑誌と礼儀作法書‥‥‥‥‥‥‥‥‥‥‥‥‥‥‥‥89

第9章　モードになった花嫁衣装‥‥‥‥‥‥‥‥‥‥‥‥‥‥‥‥‥93
　　　1．礼儀作法書とモード雑誌の類似点‥‥‥‥‥‥‥‥‥‥‥‥93
　　　2．スタッフ夫人の作法書にみられる「花嫁衣装」の言説‥‥‥94
　　　3．『ラ・モード・イリュストレ』にみられる「花嫁衣装」について‥‥96
　　　4．モードになった花嫁衣装‥‥‥‥‥‥‥‥‥‥‥‥‥‥‥‥99

第 10 章　モードになった喪服‥‥‥‥‥‥‥‥‥‥‥‥‥‥‥‥‥‥‥‥‥‥‥101

　　1．喪服の規範‥‥‥‥‥‥‥‥‥‥‥‥‥‥‥‥‥‥‥‥‥‥‥‥‥‥‥‥‥‥101

　　2．18世紀までの喪服の作法‥‥‥‥‥‥‥‥‥‥‥‥‥‥‥‥‥‥‥‥‥‥102

　　3．スタッフ夫人の作法書にみられる「喪服」の言説‥‥‥‥‥‥‥‥‥105

　　4．『ラ・モード・イリュストレ』にみられる「喪服」について‥‥‥‥106

　　5．モードになった喪服‥‥‥‥‥‥‥‥‥‥‥‥‥‥‥‥‥‥‥‥‥‥‥‥109

　　6．補完関係にある作法書とモード雑誌‥‥‥‥‥‥‥‥‥‥‥‥‥‥‥‥110

第 11 章　モード雑誌と広告‥‥‥‥‥‥‥‥‥‥‥‥‥‥‥‥‥‥‥‥‥‥‥112

　　1．モード雑誌と広告‥‥‥‥‥‥‥‥‥‥‥‥‥‥‥‥‥‥‥‥‥‥‥‥‥112

　　2．購入者に向けられた情報‥‥‥‥‥‥‥‥‥‥‥‥‥‥‥‥‥‥‥‥‥113

　　3．広告の誕生と変遷‥‥‥‥‥‥‥‥‥‥‥‥‥‥‥‥‥‥‥‥‥‥‥‥‥114

　　4．広告と世相‥‥‥‥‥‥‥‥‥‥‥‥‥‥‥‥‥‥‥‥‥‥‥‥‥‥‥‥116

　　5．雑誌と広告、デザイナーの協働‥‥‥‥‥‥‥‥‥‥‥‥‥‥‥‥‥‥117

第Ⅳ部　フィクション―文学、芝居、映画、オペラ…―

第 12 章　『シンデレラ』のガラスの靴‥‥‥‥‥‥‥‥‥‥‥‥‥‥‥‥‥‥122

　　1．「ガラスの靴」‥‥‥‥‥‥‥‥‥‥‥‥‥‥‥‥‥‥‥‥‥‥‥‥‥‥122

　　2．ガラスの靴なのか？　毛皮の靴なのか？‥‥‥‥‥‥‥‥‥‥‥‥‥124

　　3．やはり「ガラスの靴」なのか？‥‥‥‥‥‥‥‥‥‥‥‥‥‥‥‥‥‥125

　　4．もしかしたら、「スリッパ」なのか？‥‥‥‥‥‥‥‥‥‥‥‥‥‥‥127

　　5．魔法の靴‥‥‥‥‥‥‥‥‥‥‥‥‥‥‥‥‥‥‥‥‥‥‥‥‥‥‥‥‥130

第 13 章　『フィガロの結婚』から生まれたモード‥‥‥‥‥‥‥‥‥‥‥‥132

　　1．配役ごとの衣装設定‥‥‥‥‥‥‥‥‥‥‥‥‥‥‥‥‥‥‥‥‥‥‥132

　　2．スペイン趣味？‥‥‥‥‥‥‥‥‥‥‥‥‥‥‥‥‥‥‥‥‥‥‥‥‥134

　　3．役柄からモードへ：「フィガロ風」、「シュザンヌ風」の流行‥‥136

　　4．芝居とモード‥‥‥‥‥‥‥‥‥‥‥‥‥‥‥‥‥‥‥‥‥‥‥‥‥‥138

索　引‥‥‥‥‥‥‥‥‥‥‥‥‥‥‥‥‥‥‥‥‥‥‥‥‥‥‥‥‥‥‥‥‥‥140

第Ⅰ部
服飾学のために

服飾史がどのような経緯で誕生したのか、
あるいは、服飾史を学ぶことにどのような意義があるのか、
これらについて論じたものは、これまでにもみられる。
しかし、今日、あらためて、
服飾学への関心は高まってきているようにも感じられる。
もう一度、今日的な意味も含めて、
服飾学の意義を考えてみたい。

第 1 章
服飾学の意義
―芸術や文学の作品理解のために―

> 服飾は私たちの日々の生活のなかであまりに身近なものですので、これについてあらためて思いを巡らすということは少ないかもしれません。しかし、そのように人間と密接な関係にある服飾を通して物事を考えてみると、あらたな視点から今までみえてこなかったことがわかることがあります。たとえば、芸術作品や文学作品であれば、服飾を通して鑑賞しなおすことで、作品理解が深まるという部分もあるようです。このように、服飾文化を研究することにどのような意義があるのか、まず考えてみることにしましょう。

1．作品解釈と服飾

　芸術作品である絵画には、人物が描かれていれば多くの場合、服装も描かれているものです。その服装が描かれている人物の生きている時代や地域、社会階層や、経済力、美意識などを映し出しているのはもちろんのことですが、ときにはその人物の内面やものの考え方まで、服飾が映し出していることもあるように思います。あるいは、その人物の内面を映し出すべく、画家が服装の描き方を工夫することもあるでしょう。文学作品である小説や詩や、あるいは映画や演劇などにおいても、登場人物の服飾描写には、その人物のあらゆる面が表出されるように描かれていることが多いと思います。つまり、絵画や文学の服飾描写には、描かれている人物を（人物像を）象徴するような場合が多いのではないでしょうか。演劇であればその人物像にふさわしい衣装を用意するはずです。もしそうであるならば、これらの文学や芸術作品について、服飾を切

り口に分析し、解釈をすることは作品理解を深めるのに大いに役立つのではないかと考えられます。しかし、そのような作品解釈は、思うほど簡単なものではないかもしれません。なぜなら、その時代や地域に固有の服飾の流行や文化に対する理解が必要だからです。

　しかし、このように、絵画や文学作品などの芸術作品を服飾という観点から読み解くことによって、あらたな作品解釈が可能になることについては、すでに多くの研究者たちが気づいており、おこなわれてきてもいます。歴史研究においても、服飾という人間の生活に密着したモノに着目する考察によって、これまで知られてこなかった時代の思わぬ一側面が明らかになることも、もうずいぶん以前からいわれています。このように、それほど簡単ではないと述べておきましたが、実は服飾から文学や芸術作品を読み解くという視点は注目されてきています。特に、第2部で述べるように、フランスの19世紀後半に現れた印象派の絵画と、同時代の服飾、言い換えるならばモードとの関係の深さには、近年少なからぬ関心が寄せられはじめています。

✖ 2．印象派とモード展

　このことを強く印象づけたのは、2012年におこなわれた、パリのオルセー美術館での「印象派とモード展」でした。同展では、絵画と、同時代の服飾の流行を版画にしているファッション・プレートや、実物の服飾遺品などをあわせて展示し、印象派の絵画と同時代のモードが大変密接に関係していたことを鮮やかに示していました。この展覧会はその後、ニューヨークのメトロポリタン美術館、その後シカゴ美術館にも巡回し、好評を博しました。また、日本国内でおこなわれたものとしては、2016年のポーラ美術館の「モダン・ビューティ展」も、小規模ながら印象派とモードに関する展覧会として注目されました。このように、印象派の絵画とモードとの関係については、国内外問わず関心が高まっているようです。印象派だけでなく、近年では多くの美術展において、服飾も絵画のようなメインの作品たちと同時に展示することによって、展覧会を立体的に見せようとする手法がとられてきているように思いますし、ファッ

第1章　服飾学の意義　11

ションそのものが展覧会のテーマになるということも、国内外問わず非常に増えてきているといえるでしょう。特に近年では2016年から2017年には、服飾にかかわる展覧会が大変多かったと思います。つまり、服飾を理解することが、芸術作品の理解に大いに役立つとしだいに認められてきているといえますし、また服飾自体を芸術として鑑賞しようとする風潮も定着してきたといえるのではないでしょうか。

3. 印象派絵画と服飾

　印象派の絵画と服飾は、いったいどのような関係にあったのでしょうか。まずはこのことについて考えてみたいと思います。印象派の絵画は、たとえば、クロード・モネ (Claude Monet, 1840-1926) などのように、戸外での情景をまさしく目に映った印象にもとづいて、光や水の動きや時間ごとに移りゆく色の変化などを描いたものとして知られています。しかし、実際はそのような絵画だけではなく、印象派の画家たちは「現代生活」を重要なテーマにして、絵を描いていました。このことには、19世紀フランスの詩人であり美術批評家であったボードレール (Charles-Pierre Baudelaire, 1821-1867) の言葉が影響しているようです。それは、ボードレールの1863年の作品『現代生活の画家』に記された文章です。彼は、それまでの絵画にみられがちだった過去の時代を描くということ、つまり聖書や古代の神話や歴史などに取材して絵を描くのではなく、「現在の風俗の絵画にこそ、今日もっぱら意を注ぎたいと思うのだ」と述べて、具体的には、画家コンスタンタン・ギース (Constantin Guys, 1802-1892) の絵画を念頭におきながら、この画家が同時代の風俗として当時の流行の服飾や女性の姿を描いていることを称賛していました。つまり、「現代性」を表現するために、その手段として、同時代のモード (服飾の流行) を描くのが重要だと述べているのです。また、同時代の最先端のモードを描いたファッション・プレートのこともボードレールは賛美しています。そして、実際上で述べたオルセー美術館の2012年の展覧会にみられるように、印象派の画家たちの描いた絵画と、当時のモードには大変深い関係があるということが、現在では明らかにされて

12　　第Ⅰ部　服飾学のために

きているのです。[vi]

　また1874年は印象派の最初の展覧会がおこなわれた年ですが、同年印象派の巨匠ルノワールの友人でもあった詩人のマラルメ（Stéphane Mallarmé, 1842–1898）が『最新流行』というモード雑誌を編集し刊行していました。8号までしか刊行されなかったのですが、画家の友人であり詩人であるマラルメが、モード雑誌を刊行していたことは興味深く思われます。このように、ボードレールやマラルメなどの詩人が当時のモードに関心をもち、深くかかわっていただけでなく、彼らと画家たちの交流もありました。つまり、モードと文学と絵画が、非常に近接した関係にあり、相互に連関していることが明らかに認められるのです。このような、服飾と文学と絵画との相互連関についても、研究者の間ではすでに議論されてきているテーマです。[vii]

　いっぽう、同時期のフランスの小説家ゾラは「印象派の画家たちの絵は、陳腐なファッション・プレートとは異なる」と述べていました。[viii]　絵画とファッション・プレートを並べ、ファッション・プレートのほうを下に置いて見る視線を感じる言葉といえるでしょう。ファッション・プレートとは、当時のモード雑誌にはさまれていた彩色版画のことで、同時代の最先端の服装が描かれたものでした。これは特に、モード写真が生まれる以前の19世紀には大変な人気を博し、パリの巷に溢れていた同時代のモードを伝達する重要なメディアとして機能していました。ゾラは、どこにでもある、ありふれた陳腐なファッション・プレートと印象派の絵画は違う、と述べていることになるのですが、あえてこのような言葉を発していること自体、画家たちの絵が、当時のモードを映し出しているとみなされていたことを明かしているのではないでしょうか。

　このように、印象派の絵画のような芸術作品に、当時のモードが映し出され、しかも重要な要素として描かれたことは注目に値します。つまり、このことは、彼らの絵画の作品理解のために、モードすなわち服飾の解釈が必要になってくる、ということになるからです。重要な要素として描かれている服飾について、それをあらかじめ無きものとした解釈は、大変もったいないことではないでしょうか。印象派は一例にすぎませんが、そのような意味で芸術理解のために、服飾史や服飾美学の果たす役割は大きいのではないかと思われます。

第1章　服飾学の意義　　13

✕ 4．文学作品と服飾

　文学作品の場合はどうでしょうか。ここでいう文学作品には、小説や詩や芝居やさらには映画も含めていいと思っています。つまり、フィクションです。これらの作品にも、登場人物の描写のために服飾が詳細に描かれることが少なからずあります。もちろん、作家の作風によっては、服飾描写がまったくない場合もあるとは思いますが、作品のなかで象徴的に服飾が描かれることは多いと思います。また、登場人物の服装が非常に詳細に記される場合もあります。それらが、登場人物の性格などを具体的にイメージするのに役立っているのは言うまでもありません。このように、文学作品のなかでの服飾表現についても、やはりその解釈をすることによって、より作品への理解が深まることがあるのではないかと考えます。

　たとえば、拙著『ヨーロッパ服飾物語』(2016) の第16章にて展開した『風と共に去りぬ』(1936年刊行、1939年映画公開) の主人公スカーレット・オハラの緑色の服飾についての解釈を思い出してみてください。スカーレットは作品の中で、一貫して緑色の衣装を身につけている人物として描かれていました。その意味を考察してみると、彼女の瞳の色がエメラルドのように美しい緑色をしていたからという理由だけでなく、もしかすると中世以来の色彩のシンボルがそこに反映しているのかもしれないとも考えられ、さらに、緑色がスカーレットの父であるジェラルドの故郷アイルランドの大地の色であることも明らかにすることができました。そして、そのことによって、スカーレットが緑色の衣装を身につけているのは (緑色の瞳をしているのは)、この作品が一貫して、壮大な歴史的背景のなかでの恋愛物語というだけではなく、「大地への賛歌」というより大きなテーマを中心に据えて描かれていたことに気づかされることになりました。スカーレットの緑色の衣装の解釈によって、通奏低音のように作品全体に響き渡っている、この作品の重要かつ大きなテーマを見出すことができたように思います。このように、服飾に対する理解は文学作品の作品解釈にも大きく貢献できると思われるのです。

14　　第Ⅰ部　服飾学のために

✳ 5．服飾学の意義

　学問の世界では、既存の学問分野のなかだけに閉じこもるのではなく、むしろそれらの垣根を越えていき、分野横断的な研究がかなり以前からおこなわれるようになってきました。そのような学問のことを、「学際的」という言葉で表します。つまり国と国の国境を越えるのは国際で、学問と学問の垣根を越えるのが「学際」です。このような分野横断的な考え方は、既存の学問分野だけではみえてこない新しい発見や考え方が得られるからこそ、意義があるといえるでしょう。

　そのように考えるとき、服飾史や服飾美学といった「服飾学」は、学際的研究に大きく寄与するものと考えられます。本章で述べているような、芸術作品、文学作品などの研究に、服飾の視点が加われば、今まで気づかなかったことが明らかになる可能性が秘められているからです。

　「服飾学」はたしかに小さな分野かもしれません。その小さな窓から見えてくる世界はそれもまたミクロなものかもしれません。しかし、その小さな世界を理解することによって、より大きな、実に面白く豊かで新しい世界がみえてくるように思います。ここでは、芸術作品と文学作品についてのみ述べましたが、ほかにも、服飾が今まで見えていなかった世界の扉を開く鍵になり得ることはあるかもしれません。そのようなことを自負しながら、この本を書き進めてみたいと思います。服飾史と服飾美学って面白い学問だなぁ、と多くの人が思ってくれますようにと願いつつ……。

［注］

i　文学とモードに関する論考は多くあるが、主なものとして以下をあげておく。Rose Fortassier, *Les écrivains français et la mode de Balzac à nos jours*, Paris, PUF, 1988 ; Frédéric Monneyron (sous la direction de), *Vêtement et Littérature*, Presses Universitaires de Perpignan, 2001.

ii　徳井淑子、朝倉三枝、内村理奈、角田奈歩、新實五穂、原口碧『フランス・モード史への招待』悠書館、2016年（以下では『フランスモード史』と略記する）。

iii　「印象派とモード」展は以下の会期で行われた。オルセー美術館（パリ）2012年9月25日から2013年1月20日、メトロポリタン美術館（ニューヨーク）2013年2月26日から5月27日、シカゴ美術館2013年6月25日から9月22日まで。次の展覧会カタログを参照。Gloria Groom (sous la direction de), *L'impressionism et la Mode*, Paris, Flammarion, 2012.

iv シャルル・ボードレール『現代生活の画家』1863年（『ボードレール批評 2 、美術批評 II 、音楽批評』阿部良雄訳、筑摩書房、1999年所収）、p.151。

v 「近代性」と訳す研究者もいるが、ここでは「現代性」としておく。ボードレールの言葉ではモデルニテ modernité である。

vi Groom, *op. cit.* 参照。岩崎余帆子「帽子の女性―マネ、ドガ、ルノワール：19世紀後半のモードと絵画」『西洋近代の都市と芸術 2 、パリ I 、19世紀の首都』（喜多崎親編）、竹林舎、2014年、pp.295-314、久野朝子「マネとモード：マネの描いたパリジェンヌに見られるモードの重要性」『武蔵大学人文学会雑誌』第35巻、第 2 号、2003年、pp.25-63.

vii 吉田典子「フランス19世紀におけるモード・文学・絵画」『Modern Beauty フランスの絵画と化粧道具、ファッションにみる美の近代』ポーラ美術館、2016年、（以下では『Modern Beauty』と略記する）pp.9-13など。

viii Émile Zola, «Mon Salon», in *Salons*, Genève, E. Droz, 1959, p.130.（訳文は筆者による。以下、特に断っていないものは同様。）

16　　第 I 部　服飾学のために

第 2 章
モードの意味

本章では、服飾研究の意義を考えるために、フランス語のモード mode という言葉について、言葉の歴史的経緯も含めてその意味や概念を整理してみようと思います。モードという語は、英語のファッションにあたる言葉ですが、その言葉の意味をたどってみると、服飾を考察することがなにを意味するのか理解できるように思われるからです。

1. モードの誕生

　モードという言葉は中世に誕生した言葉ですが、当時のモード mode は、「流儀」manière および「慣習」usage を指し示していました。このような意味をもっていたモードが、ファッションという意味を含むようになってくるのは、おそらく17世紀のことではないかと思います。

　17世紀において、モードは礼儀作法と常に関連づけられて考えられていました。16世紀から18世紀にかけての礼儀作法書は、礼儀にかなう身なりをするためには、なによりもモードにしたがわなければならない、と再三説明していたからです。そして、16世紀から18世紀の礼儀作法書が、衣服をモードにしたがわせなければならないとしたのは、決して気まぐれな流行にまかせた服装を勧めているわけでもありませんでした。

　たとえば、1690年に出版されたフュルチエールの辞書で、モードという言葉の説明をみてみましょう。当時のモードとは第一に、特に宮廷における慣習であったことがわかります。

モード（女性名詞）、慣習、生き方、物事のやり方。モードとは、時と場所に応じて変化する全てのもの。モードとは、特に宮廷の慣習にしたがった衣服の身につけ方のことを言う。[ii]

　このように、17世紀におけるモードとは、「宮廷の慣習、しきたり」であり、それに即した「衣服の身につけ方」であったようです。「生き方」とさえ記されているのも興味深いことです。つまり、言い換えるならば、「処世術」ととらえることも可能だからです。17世紀のモードとは、流行というよりはむしろ、時代に適合した生き方であり、特に宮廷で求められていたエチケットにほかならなかったことがわかります。[iii]

　歴史家ルイーズ・ゴダール・ド・ドンヴィルも、その著書のなかで、このことを指摘しています。フランス17世紀におけるモードとは、すなわち礼儀作法そのものを指していたのだといいます。[iv] ドンヴィルの指摘によれば、17世紀のモードは新しい「慣習」usage にすぎず、慣習に同化しているがゆえに、当時の文献のなかではモードが肯定的にとらえられていることが多かったと述べるのです。

　このように、17世紀の主だった礼儀作法書は、作法にかなうためには常にモードにしたがうように促していました。たとえば、礼儀作法書の元祖ともいえる、イタリアのカスティリオーネの『宮廷人』（1528年）も同様で、16世紀から作法書のなかでは常にモードにしたがうことが求められ続けてきました。ニコラ・ファレは『オネットム、すなわち宮廷で気に入られる法』（1630年）の「常軌を逸したモードの創造者に対して」という節のなかで、モードに関心をもつことの重要性を次のように主張しています。

　　なににもまして、モードに関心をもつべきである。私は宮廷の若者の中にみられる軽率さをいっているのではない。彼らは放蕩者になるために、大きなブーツに体の半分を沈めてみたり、わきの下からかかとまでオ・ド・ショースの中に潜り込ませてみたり、顔全体をイタリアのパラソルと同じくらい大きな帽子の中に埋めてみたりしている。そうではなくて、大貴族や紳士たちの間で充分に認められ

ていることにより、権威を与えられて、ほかの全ての人にとってまるで法律のような役目をはたすモードのことを、私はいっているのである。なにであれ、とりわけ衣服のようにどうでもいいものについて受け入れられている慣習を、やっきになって反対しようとする者は気まぐれ者だと思う。紳士であるならば、このような気まぐれに陥らないように。自分が成功できるのではないかと思って、新しい流儀を発明する変わり者になろうなどと思わないように[vi]。

　ファレが述べるのは、大貴族や紳士の間ですでに認められ、権威づけられている慣習としてのモードでした。「法律のような役目をはたす」とさえいわれているように、ここでいうモードはまさしくしたがうべき規範でもあったと考えられます。いっぽうで、気まぐれを起こしてあらたなモードを生み出すのは、軽率な態度として認めていません。作法書におけるモードとは、あくまで宮廷規範であるからなのでしょう。

　また、当時の代表的な作法書を著したアントワーヌ・ド・クルタンも、次のようにモードを重視しています。

　　モードは絶対的な教師であり、彼女の元では理屈も曲げなければならない。もし作法（civilité）からはずれたくないのであれば、理屈をこねずに、私たちの衣服をモードが命じるものにしたがわせるべきだ[vii]。

　このように、17世紀において、モードと礼儀作法は、固く緊密に結びあう概念であり、それゆえに作法書はモードを肯定し、肯定するだけでなく、したがうべき規範として、強調しているものでした。

　このことは、当時の文芸作品からもうかがうことができます。たとえばモリエールの喜劇は、同時代の社会を諷刺した作品群であり、たしかに喜劇としての誇張はあるかもしれませんが、現実社会を映し出しているものとしてとらえることができるでしょう。そのモリエールの『亭主学校』（1661年）第1幕第1場では、年も離れ、性格もまったく異なる、スガナレルとアリストという兄弟のモード談義からはじまっています。このなかで、兄アリストはモードにした

がった衣服を着ていますが、弟のスガナレルは、やや時代遅れの衣服に固執していました。アリストは世のなかの流れであるモードにあわせるのが賢明な人間の行動であるといって弟を論しますが、弟は聞く耳をもちません。作法書がモードにしたがうよう求めるのは、アリストと同じ理屈であったと思われます。

たとえば、作法書を著した流行作家シャルル・ソレルは、あらたなモードを生み出すのは奇をてらった行為であるものの、紳士であるならば最新流行のものを身につけるべきであると、次のようにいいます。

> 衣服に関しては与えられるべき大原則があり、それはしばしば変化することと、常に可能な限りの最新流行のものであることである。[……] それが着心地がいいからといって、もはや時代遅れになってしまったモードに執着する人は、善良なるガリア人か、過去の宮廷人とみなすべきである。次のようにいうのはまったく滑稽だ。私はいつも襞襟をつけていたい。なにしろあたたかくしてくれるからね。私はつば広の帽子をかぶっていたい。太陽や風や雨から守ってくれるのだから。私には小さな膝当てのついたブーツが必要だ。大きいのは邪魔になるからね。[ix]

この文章は、『亭主学校』のスガナレルを批判しているかのようです。つまり衣服の大原則とはモードにほかならず、時代遅れでもいけないし、先を行きすぎてもいけない、というわけです。たとえ身体には不都合なものであるとしても、できるだけ最新流行でありながら、権威ある人びとに了解済みの衣服を、時機を逸さずに身につけていること、それが肝心だと考えられていました。モードにあわせて、柔軟に変化できる感覚が求められたということもできそうです。つまり、「今」という時点において、権威ある人びとのなかでの最大公約数的な風俗にしたがうことが重要であり、それが当時のモードだったのだろうと思います。

❊　2．気まぐれなモードへ

　しかし、17世紀後半にいたると、たとえばラ・ブリュイエールはモードを常に移り変わる軽率なものであると考え、批判していました。流行を追って右往左往するのも、またそれを拒むのも賢明ではないと主張するのです。

　　馬鹿な気取った男は、長い帽子をかぶり、肩飾りのついたプールポワンを着こみ、飾り紐のついた半ズボンに半長靴をはいている。彼は毎晩、明日はどの点でどんなにして人目をひこうか工夫をこらす。ただ哲学者はその仕立て屋が着せてくれるままになっている。流行を避けるのも、これを追うのとおなじくやはり気取りである。

　　ひとつの流行が前の流行を骨折って滅ぼしたかと思うと、それがさらに新しい流行に打倒され、それが、また次に来る流行に負ける。しかもこの流行もまた最後のものではないのである。我われの軽佻さはだいたいこんなものである。[x]

　実は、このように17世紀後半から徐々にモードは批判的にとらえられるようになっていき、18世紀にかけてモードの意味は変容していきます。つまり権威ある規範としてのモードから、女性の気まぐれに支配された流行という意味に変化するのでした。18世紀が女性の時代であり、ルイ15世の愛妾ポンパドゥール夫人やマリー・アントワネットがファッションリーダーであったことを思い起こすと、このようなモードの意味の変容も理解しやすいような気がします。

　たとえば、モンテスキュー（Charles-Louis de Montesquieu, 1689-1755）の『ペルシア人の手紙』（1721年）には「ちょいとパリから半年ほど田舎へ行っていた女たちは、まるで3年も留守をしていたように流行遅れになってしまう[xi]」と述べられており、1721年の時点において、モードが極めて移ろいやすく気まぐれなものとして、受け止められていることがうかがえます。またそのようなモードの中心がパリであり、その担い手の中心が女性になってきていることも、この文章は示しているといえるでしょう。そして、1762年のアカデミー・フランセ

ーズの辞書においては、「人々の趣味や気まぐれにしたがった事物の慣習」という意味に変貌を遂げていました[xii]。17世紀において宮廷規範と同一視され、いわば権威づけられていたモードが、1762年になると単なる「気まぐれ」の産物であるとみなされるようになっているのです。ディドロの『百科全書』(1751-1772年)においても、モードは女性の服装にかかわることとして定義されています[xiii]。このように、宮廷規範であったモードは、18世紀後半に向かって、大きな変化を遂げていきました。

たとえば、ジャンリス夫人の文章を引用してみましょう。1782年の著作のなかで、次のようにモードについて語っています。

> モードはあなたにきれいな外見を与えることはできました。しかしそれは気まぐれと発作によるものでしかないのです[xiv]。

このように、モードは18世紀後半に向かうにつれ、徐々に道徳家の間で否定的にとらえられていきます。しかし17世紀後半までは、モードはしたがうべき宮廷の慣習、宮廷規範という意味を色濃くもっていました。このことはモードという現象が、17世紀になってフランスの宮廷を発信源として広まっていったことを明らかにしているように思います。そして、当時、宮廷作法は主に男性のものであったために、モードも男性を中心とした服装規範として広まっていました。17世紀のモードは礼儀作法と結んでいたばかりか、同義であったとさえいえるでしょう。

しかし、18世紀の初頭ころから、モードは礼儀作法から乖離していきます。そして、モードは女性の気まぐれに支配された服飾の流行、つまりは今日的な意味をもつファッションへと変貌したということもできそうです。

3．女性の生活文化としてのモード

ところが、言葉の変遷をたどってみると、19世紀にはモードの概念が今一度礼儀作法の意味を獲得していくように思われます。19世紀には特に女性の礼儀

作法が重視されてきたことも、モードの意味の変容に大きく関係しているようです。19世紀の礼儀作法は宮廷という公的社会ではなく、家庭の内部あるいは家庭を基盤とする限られた社交の世界での規範になり、女性の生活全般を支配するものになっていました。そして19世紀の礼儀作法書に記される服装規範を検討すると、作法書それ自体がひとつのモード指南書にもなっているように思われてくるのです。

　このことを確認するために、今度は19世紀のモードの意味を確認してみましょう。19世紀の辞書を代表するラルースのフランス語辞書で探ってみると、次のように記されています。

　まず、第一に、モードとは「とりわけ家具や衣服や装飾品の形態を規定する一時的な慣例・作法」のことを指しています。第二には「流行、一時的な熱狂」と説明され、第三に「一般的に広まっている慣例・作法、やりかた」と説明されています。ここで説明に用いられる言葉を見ると、「慣例、ならわし、作法、礼儀」を意味する usage という語が頻出していることがわかります。これはまさに17世紀の意味内容と完全に同じであるといってよいでしょう。つまり、モードとは流行のような一時的なものであるにせよ、一般的に社会で通用している礼儀作法に裏打ちされた慣例、といえそうです。さらに詳細にみてみると、モードという語は複数形で「女性と子どもの衣服や服装」をさしており、男性の服装にはかかわらない言葉であることがわかります。つまり、19世紀のモードは一時的な流行でありながらも、社会で容認された作法や慣例にもとづいた生活様式や生活空間を彩る事物、そしてとりわけ女性と子どもの服装をさしていることになります。18世紀に語られていたような気まぐれな流行という性質は薄れ、19世紀には生活全般にわたった慣例や作法の概念が強まっていることは興味深いと思います。つまり19世紀後半のモードは、女性の礼儀作法と緊密な関係にあり、女性が生きる場としての、家庭と社交生活を中心とする世界で通用する慣習に変容したことがうかがえます。別の言葉でいうならば、モードは女性の生活文化そのものになったと考えることができるでしょう。そのことは当時のモード雑誌からもうかがえます。19世紀のモード雑誌には男性は登場せず、女性とその子どもたちの生活全般に関しての指針が示され

第2章　モードの意味　　23

ているからです。

✄ 4．モードの意味

　このようにモードを大きくとらえてみると、17世紀には宮廷作法、18世紀には主に女性たちの移り変わりの激しい服飾の流行、19世紀には女性の生活全般にかかわるエチケットのようなもの、というように変化を遂げてきました。現代では、モードは「時代や社会の流行」、「ファッション、流行」、さらには「ファッション業界」のことをさし、「婦人向けの服飾業」などのことも意味しているようです。このように、時代に即して、ほかの多くの言葉も変化をしていくように、モード (la mode) の意味も時代を映しながら変化をしています。そのような意味でも、モードという現象がそれぞれの時代の流れや特色と密接であることが明らかでしょう。そしてモードを考察することは、それぞれの時代の生活文化全般について考察することにほかならないといえるでしょう。したがって、モードから見えてくるものはその時代の社会や文化そのものであり、決して軽佻浮薄で表面的な「ファッション」だけではないと明言できるのではないかと思います。

［注］

i　La Curne de Sainte-Palaye, *Dictionnaire historique de l'ancien langage François ou Glossaire de la langue Flançoise*, Hildesheim, New York, Georg Olms Verlag, 1972.

ii　Furetière, *Dictionnaire universel d'Antoine Furetière*, (1690), Paris, SNL-Le Robert, 1978, non pagination, «mode».

iii　拙著『モードの身体史─近世フランスの服飾にみる清潔・ふるまい・逸脱の文化─』悠書館、2013年。

iv　Louise Godard de Donville, *Signification de la mode sous Louis XIII*, Aix-en-Provence, Edisud, 1978, p.171.

v　カスティリオーネ、『カスティリオーネ宮廷人』清水純一・岩倉具忠・天野恵訳注、東海大学出版会、1987年、251頁。

vi　Nicolas Faret, *L'honnête homme ou l'art de plaire à la cour*, (1630), reédité par M. Magendie, Genève, Slatkine Reprints, 1970, p.92.

vii　Antoine de Courtin, *Nouveau traité de la civilité qui se pratique en France parmi les honnêtes gens*, (1671), Saint-Étienne, Publications de l'Université de Saint-Étienne, 1998, p.125.

viii Molière, *L'École des maris*, in *Œuvres complètes I*, Bruges, Gallimard, 1971, p.419, Acte 1 er, scène 1 er.「いつだって、みんながやっていることにあわせなきゃ。変わったことをして目立つのはまずいよ。極端に走っちゃダメだ。賢明な人間は、服装にも言葉使いにも、あんまり執着しないで、流行に合わせて自然にふるまうものだよ。いつも流行の最先端を行こうとして、夢中になって流行を追いかけた挙句に、誰かに先を越されて腹を立てる連中の真似をしろといっているわけじゃないさ。だけど、どんな理由があっても、みんなが従っているものをかたくなに拒むのは間違っているよ。自分ひとりが賢いつもりで、みんなと違ったことをするよりは、みんなと同じように頭がおかしいほうに数えられたほうがましだからね」(『モリエール全集』、秋山伸子訳、第3巻、臨川書店、2000年、9 -10頁。)

ix Charles Sorel, *Les lois de la galanterie*, (1644), A. Aubry, Paris, 1855, pp.12-13.

x La Bruyère, *Les Caractères ou Les Mœurs de ce siècle*, (1688) in *Œuvres complètes*, Paris, Gallimard, 1934, p.414. (ラ・ブリュイエール、『カラクテール、当世風俗誌（下）』、関根秀雄訳、岩波文庫、1953年、第13章流行について、11、24頁)。*Ibid.*, p.416. (同書、29頁)。

xi Montesquieu, *Lettres persanes*, (1721), Paris, Garnier, 1963, pp.205-206. (モンテスキュー『ペルシア人の手紙（下）』大岩誠訳、岩波文庫、1950年、74頁［一部筆者改訳］)。

vii *Le Dictionnaire de l'Académie Française*, 1762.

xiii Diderot & D'Alembert, *Encyclopédie, ou Dictionnaire raisonné des sciences, des arts et des métiers*, (Paris, 1751-1780), Stuttgart, Friederich Frommann Verlag, 1966.

xiv Mme de Genlis, *Adèle et Théodore ou Lettres sur l'Éducation contenant tous les principes relatifs aux trois différents plans d'éducation des Princes et des jeunes personnes de l'un et l'autre sexe*, (1782), Rennes, Presses Universitaires de Rennes, 2006, p.73.

第Ⅱ部
アート

「ファッションはアートである」と言ったのは、
故イヴ・サンローランであった。
20世紀はじめには、エルザ・スキャパレリと
芸術家サルバドール・ダリとの協働がみられた。
21世紀の現在は、ルイ・ヴィトンのバッグに、
モナリザが描かれたりもしている。
ファッションとアートは、影響を与えあう。
あらためて、この関係を問い直してみよう。

第 3 章
雅宴画のリボン

　第 2 部はアートと服飾との関係を考えていきます。まずは芸術作品のなかの服飾を読み解くことによって、新しい解釈ができる事例をみてみましょう。ここで取り上げるのは、フランス18世紀に人気を博した雅宴画や風俗画です。貴族の若い男女の恋愛の情景が描かれるのどかな画風のなかで、一見して気がつかないかもしれないくらい小さな服飾品として描かれることもあるリボンに着目し、その意味と表象について読み解いていきたいと思います。

1．雅宴画に描かれているリボン

　18世紀フランスのロココ美術を代表する雅宴画 fête galante には、いわゆる「愛の園」に見立てられた森の木陰や庭園などでの恋人たちの情景が描かれています。たとえばルーベンス（Peter Paul Rubens, 1577-1640）の〈愛の園〉（1633年頃）は雅宴画の前段階の絵画としてしばしば紹介され、アントワーヌ・ヴァトー（Antoine Watteau, 1684-1721）の〈シテール島への巡礼〉（1717年）は雅宴画のはじめのものとして知られています。雅宴画に描かれている情景は、おそらくフランス貴族たちの心象風景としての、ひとつの愛の桃源郷であったと考えられるでしょう。多くの場合、中世以来の宮廷風恋愛を思い起こさせられるような場面が描かれており、現実の男女の関係がそのまま映されている場合もあったかもしれませんが、演劇空間における男女の姿という受け止め方ができる場合も少なくないようです。そのような雅宴画に描かれている情景のなかに、数は多くはないものの、男性がリボンを身につけて描かれることがあります。あるいは女性からリボンを贈られているような、男女のリボンのやりとりの場

面も見受けられます。ひとつひとつは実に小さななにげないひとこまですが、男性服にリボンの大流行がみられた17世紀とは違って、18世紀フランスの男性服には、ほとんどリボンは用いられていないことを知るものにとっては、目を引く情景でもあります。

2．トロワとランクレが描いたリボン

　雅宴画には、流行の服飾を身にまとった人物が描かれていると考えられています。たしかに女性の服飾に関しては、同時代に流行した robe volante などが描かれることが多いため、雅宴画はそのまま服飾史研究の史料として扱えるといってよいでしょう。robe volante とは、ヴァトー・プリーツとも呼ばれる、画家アントワーヌ・ヴァトーが好んで描いた女性服であり、本来部屋着とみなされていた服飾ですが、18世紀初頭（特に1720年代）に大変流行しました。雅宴画には男性も同様に流行の服飾が描かれていると考えられますが、すでに述べたように、18世紀の男性服にはみられなくなったリボンの扱いも絵のなかでは見受けられるのです。

　リボンが描かれている18世紀絵画の顕著な例は、ジャン・フランソワ・ド・トロワ（Jean-François de Troy, 1679-1752）とニコラ・ランクレ（Nicolas Lancret, 1690-1743）の作品です。ジャン・フランソワ・ド・トロワは歴史画や神話画なども多く描きましたが、雅宴画や当時の流行に即した風俗画なども描いた18世紀の巨匠といえる画家のひとりです。ニコラ・ランクレは主に雅宴画を得意とし、演劇の舞台上の場面をほうふつとさせる絵画も多く描いた画家でした。

図3-1　ジャン・フランソワ・ド・トロワ、〈ほどけたくつした留め〉（1724年、ニューヨーク、ジェーン・ライツマン・コレクション）（出典：Christophe Leribault, *Jean-François de Troy 1679-1752*, Paris, Arthena, 2002, p.59より）

彼らの描いたリボンの情景について、例をあげておきましょう。図3-1はトロワの1724年の作品〈ほどけたくつした留め〉です。恋人同士かと思われる男女が、女性がまくりあげたスカートの内側にあるくつした留め、すなわちリボンをめぐって、なにかやりとりをしています。この絵の情景についての複数の美術史家による解釈は、男性がほどけたくつした留めを結ぶ手伝いをしようとし、それを女性が固辞している様子が描かれたものであるとしています[i]。

図3-2　ジャン・フランソワ・ド・トロワ、〈騎士の剣にリボンを結ぶ貴婦人〉(1734年、個人蔵)（出典：Christophe Leribault, *ibid*., p.67より）

図3-2は同じくトロワによる〈騎士の剣にリボンを結ぶ貴婦人〉(1734年）です。親しい間柄にある貴族の男女が描かれており、女性がかいがいしく剣の柄の部分に、彼女のドレスとかぶりものについたリボンと同色の淡い紅色のリボンで結び飾りを作ってあげている様子が描かれています。前方には、リボンなど服飾小物を売り歩いていた小間物商あるいはモード商人も描かれています。美術史家クリストフ・ルリボーは、このモード商人のことについては解説していますが、貴婦人と騎士の関係についてはなにも述べていません[ii]。

図3-3　ニコラ・ランクレ、〈山鳩〉(1736年、ロンドン、ハラリ・アンド・ジョーンズ社）（出典：『ブーシェ・フラゴナール展特別出品：ランクレ』1990年、p.89より）

図3-3は、ランクレの〈山鳩〉(1736年)です。戸外でくつろぐ男女が描かれ、男性が指さしてい

30　第Ⅱ部　アート

るほうには、2羽の山鳩が描かれています。つがいの山鳩は、愛のシンボル、あるいは恋人たちのシンボルであり、彼らが恋人同士の間柄であることが暗示されています。男性の衣服にはピンク色と緑色の2色のリボンが、帽子、肩、袖口、さらに前身頃のボタン穴のあたりにも結ばれています。その様子は17世紀の男性服におけるリボンの扱いに酷似しています（図3-4）。ランクレはこのようなリボンを描きこんだ男女の風景をほかにも数多く描いており、たとえば1738年頃の〈籠の鳥〉、版画作品として残っている1736年の〈木陰の愛〉など複数あげることができます。このような牧歌的な田園風景における恋人たちは雅宴画の典型的なスタイルであり、ランクレは特に得意としていました。そして、描かれ

図3-4　1642年の男性の服装。胸元、髪の毛、ズボンの先、帽子などにリボン飾りがみられる。（筆者所蔵）（出典：*Collection Costumes et Modes d'autrefois, Pourpoints et Vertugadin, 1515-1643*, Paris, Rombaldi より）

ているこの恋人たちは「羊飼い」という設定であり（現実の羊飼いとはあきらかに異なりますが）、当時の演劇で用いられた舞台衣装を身にまとっていると説明されることも多いようです。雅宴画における恋人たちが、多くは羊飼いとして描かれているのは、17世紀頃からみられる、たとえばオノレ・デュルフェ（Honoré d'Urfé, 1567-1625）の『アストレ』（1620-1625）のような長編純愛小説の常套手段的な描き方にならうものでもあるのでしょう。

　以上のように、いくつかの典型的な雅宴画の恋人たちの情景のなかで、特徴的なリボンが散見されるのです。つまり、17世紀に端を発するギャラントリーという流行現象（男性が女性に気に入られるためにリボンを身につけていたという流行）にもとづく服飾文化と、雅宴画の情景は符合する部分が多いと考えられるのです。

第3章　雅宴画のリボン　　31

✖ 3. 「愛情の証」のファヴール

　17世紀前期の社交界は『アストレ』という純愛小説が流行し、恋愛に対する関心が極度に高まっていました。そしてそのようななかで、中世に端を発するファヴールという女性の愛情表現に役立つ小物が存在しました。このファヴールは女性が身につけている服飾の一部であり、それを男性が身につけることで、ふたりの恋愛関係がいわば保証されるものとなっていました。ファヴールは貴婦人からの小さな贈り物全般をさしていましたが、とりわけリボンがよく贈られていました。すなわち、拙著『ヨーロッパ服飾物語』の第12章で描いたように、恋愛感情の象徴の役割を担ったリボンが歴史上存在していたことがわかっています。リボンは男女の恋愛感情を如実に映し出す服飾であり、17世紀においては「恋人」をも意味するギャランという名で呼ばれ、中世にさかのぼって考えるならば、馬上槍試合の際に貴婦人が騎士に贈る自身の服飾の一部も、同様にファヴールと呼ばれて、存在してきたのです。

　ギャラントリーの華やかであった時代、17世紀前期のファヴールがどのようなものであったのか推し量る史料として、当時のもっとも名高い社交サロンを形成していたランブイエ侯爵夫人のサロンの寵児、ヴォワチュールの書簡集からひとつ例をあげておきましょう。以下は1633年3月に彼がポーレ嬢に宛てた手紙の一部分です。ヴォワチュールはポーレ嬢からブレスレットを贈られ、そのことについて次のように述べました。

　　それ［ポーレ嬢からの贈り物］を開いて、私は彼［その場に居合わせたモール伯爵］のいるところで、かつてないほど輝かしくギャランなブレスレットを取り出しました。私がずっと待ち望んでいたほんのわずかなあなたの物を目にして、どんなに驚いたか、言葉にすることもできません［……］。あなたが以前贈ってくださったリボンよりも赤くなってしまったのですよ。［……］でも、あなたのお手紙を見て、ファヴールのように見えたものは「薬」であったということ、そのブレスレットは恋人に贈られたのではなく、病人に贈られたものなのだということがわかりました。^{vi}

つまり、ヴォワチュールはポーレ嬢から贈られたブレスレットを、はじめは女性が恋人に贈るファヴールであると思って喜んだのですが、手紙を読み、そのことが勘違いであると気づいて落胆したと伝えているのです。ブレスレットを見ただけで顔が赤くなるほど喜んだということから、このような小さな装飾品の贈り物が、「愛情の証」であるファヴールとして広く受け入れられていたことが読み取れます。つまり、（中世にはファヴールと呼ばれ、馬上槍試合の際に騎士が剣や甲冑につけたものであり、17世紀には、ギャランと呼ばれ、恋人同士がお互いに贈りあい身につけた小物でした。馬上槍試合という場面設定は過去のものになりましたが）ファヴールという女性からの贈り物の実体だけはその性格を変えずに17世紀にも受け継がれたと考えられるでしょう。また、それがファヴールであるのかどうかはわかりませんが、ヴォワチュールが彼女から赤いリボンを過去に贈られていたことにも注目すべきでしょう。当時の男性が女性から小さな装飾品を贈られることに喜びを感じていたことと、それがふたりの親密さの証と考えられていたことはたしかではないかと思います。

　さらに、サント・パレイは次のような話も伝えています。

　　1632年にガストン・ドルレアンの寵臣であるピュイローランは、ファルスブルグの王女から、ファヴールとして剣に結びつけるリボンの結び飾りをもらった。その後、彼は王女と別れ、新しく恋仲になったド・シメイ嬢の色のリボンをつけるようになった。[vii]

　このように、貴婦人が恋人である男性に小物を贈り、相思相愛の仲になっている場合、男性はそれを身につけて彼女の愛に応えたのだろうと考えられます。男性の側からすれば、女性の衣服の一部を身につけることで、自分がさる貴婦人と親密な関係にあるということを公言するに等しい効果があったと思われます。この史料のように、剣につけるリボンの結び飾りを女性が騎士に贈る風習があったことと、騎士のほうは恋人の好きな色のリボンを剣につける習慣があったことにも、注目しておきたいと思います。

✖ 4. 『フィガロの結婚』（1784年）のリボン

　以上のようなリボンの表象が読み取れる、18世紀の文学作品の例をあげておきましょう。ボーマルシェ（Pierre-Augustin Caron de Beaumarchais, 1732-1799）の『フィガロの結婚』です。作品の大筋に大きくかかわるものではないかもしれませんが、第1幕第7場で小姓のシェリュバンが憧れている伯爵夫人の「夜のリボン」をシュザンヌから奪い取ってしまう、という場面があります。

> シュザンヌ　残念ね、これは幸せなお帽子と運のいいおリボン、あの美しい名づけの母の髪を夜な夜な包んでさしあげる……
> シェリュバン　（飛びついて）あのかたの夜のリボン（ruban）！ねえ君、ぼくにおくれよ。
> シュザンヌ　（リボンを引っ込めて）ええ、とんでもない！「ねえ君」だなんていけずうずうしいわね。これがとるに足らないガキでなかったら……（シェリュバンはリボンをもぎ取る）、あ、そのリボン！【中略】
> シェリュバン　（逃げ回る）おっとどっこい、こいつばかりは命にかけても渡さないぞ。代わりにあげた恋の歌だけじゃ不足だというのなら、ぼくのキスを足してやってもいいぜ。[viii]

　このように、シェリュバンはリボンをシュザンヌから強引に奪い取ったうえに、「命にかけても渡さないぞ」と強い口調で言い返しながら逃げ回ります。そして、お返しとして恋の歌やキスを引き合いに出して、リボンが恋の歌やキスに転化代替できると思っている態度も示しています。ただの子どものいたずらにしては、シェリュバンのリボンに対する執着心は強すぎるようにも思われます。シェリュバンが奪い取った伯爵夫人のリボンは、第2幕第1場、第6場、第7場、第9場にも繰り返し現れます。特に第6場においては、早熟なシェリュバンはこのリボンをケガをした腕に巻いて登場しており、第9場ではリボンを巻くと傷が治るというようなニュアンスで語られている場面もあります。シェリュバンがここまで伯爵夫人のリボンに執着するのは、それが恋人からの贈り物であったり、騎士への「愛の保証」（つまりファヴァール）であったと

34　　第Ⅱ部　アート

いう歴史的背景があるからにほかならないでしょう。そして恋人の好きな色のリボンを、男性が身につける文化も存在していたからこそ、シェリュバンはリボンを腕に巻いたのでしょう。小さなリボンの意味について、ボーマルシェは特に解説はしていません。しかし、同時代の観客は男女のリボンのやりとりの意味について、おそらく理解していたことでしょう。男女の愛のやりとりを象徴するリボン、と理解してこそ、これらの場面を正確に読み解くことができるのではないでしょうか。

リボンは以上のように、フィクションのなかで恋人たちの愛や恋愛感情を物語る情景に、なくてはならない小物でした。中世に端を発するリボンの表象、そして17世紀にギャラントリーとして流行したリボンの表象をめぐる心象風景が、このようなフィクションにおける描写の背景に、明らかに生き続けていると思われます。

5．ルソーの「盗まれたリボン」（1728年）

しかし、同様のリボンの情景は、18世紀に生きる人びとの現実世界においても、まったく失われたわけではなかったようにも思われます。なぜなら今みてきたような、フィクションの世界のリボンの情景が、ルソー（Jean-Jacques Rousseau, 1712–1778）の自伝『告白』第２巻のなかにも登場しているからです。それは、知る人ぞ知る「盗まれたリボン」の事件です。このエピソードはルソーのまさしく「懺悔」であり、彼の良心をずっと苦しめてきたとみずから述べている事件でありましたが、自分が盗んだリボンについて、奉公人の娘にその罪を着せたというものでした。すこし長くなりますが引用しておきましょう。

> 一軒の家が解体するとなると、どうしても多少のごたごたが起こり、物がなくなったりするのもやむをえない。しかし、奉公人が忠実であるうえに、ロレンチ夫妻が目を光らせていたせいで、財産目録のうえで何一つかけたものはなかった。ただ、ポンタル嬢が、もう古くなったバラ色と銀色の小さなリボンをなくした。もっといい品物はたくさん手の届くところにあったのに、このリボンだけがわた

しはほしかったので、盗んだ。よく隠してもおかなかったから、すぐに見つかって、どこでとったのだと問い詰められた。わたしはまごついて、口ごもり、ついに顔を赤らめて、マリオンがくれたといった。【中略】あのとき、決してわたしは悪意があったのではなかった。わたしがあの不幸な娘に罪をきせたとき、その動機は、この娘が好きだったからなのだ。へんな話だが、事実である。この娘のことをいつも考えているので、つい頭に浮かんだままに、その名を使って言い訳をした。わたしは自分のしたかったことを彼女がしたといって、罪をなすりつけ、リボンをわたしにくれたといった。それは私が、この娘にリボンをやりたいと考えていたからなのだ[ix]。

ほかにもいいものがたくさんあったはずなのに、あえてリボンを選んで、それを盗んだルソーは、それを若くて器量良しの「マリオンがくれた」と嘘をつきました。それは、まるでマリオンが自分のことを好いていて、それが理由でくれたものであるといわんばかりの嘘でした。しかも、引用の後半でルソーが述べているように、自分自身がマリオンのことを好きだったので、本当は自分が彼女にリボンを贈りたかったのだと説明しています。リボンは小さい品ですが、財産目録にも記される服飾でもあり、やはり恋人からもらったり恋人に贈ったりする、そういう服飾品であったからこそ、ルソーはこのようにリボンにこだわったのでしょう。ルソーのついた嘘の重み、ルソーが感じ続けていた良心の呵責も、リボンが意味していた事柄を理解しなければ、その深刻さが伝わってこないとも思われます。

そして、実はこの「盗まれたリボン」の事件には、その伏線がみられました。ルソーはこの事件のかなり以前に、サブラン夫人によって、愛するヴァランス夫人からもらったリボンを巻き上げられていたのです。以下はその部分です。

サブラン夫人は、ヴァランス夫人がわたしの剣につけるようにとくれた、小さな銀色のリボンまでうまく巻き上げた。私はこれが何より惜しかった[x]。

このように、ヴァランス夫人がルソーに贈った、剣に結ぶためのリボンを失

なってしまっていたことも、マリオンの事件を起こすきっかけになっていたものと感じさせるエピソードです。リボンが「何よりも惜しかった」という感性は、現代人にはほとんど理解しがたいものですが、18世紀を生きるルソーにとって、「剣」につけるためのリボンは、やはり恋人からの大事な「愛の保証」としての贈り物であったのだと考えられます。

このように、ルソーのリボンをめぐるエピソードも、ギャランやファヴールと呼ばれたリボンの文化と歴史を知ることによって、その意味の深さをうかがい知ることができるのではないでしょうか。

✻　6．恋人に贈るリボンのヴァリアント

以上のように、リボンは極めて小さな服飾品ですが、フランスの中世から18世紀にいたる精神文化のなかで、男女の愛を確かめあう小物として生き続けてきたものでした。18世紀には、ファヴールともギャランとも呼ばれなくなっていましたが、『フィガロの結婚』やルソーの『告白』のなかに、それらのリボンのヴァリアント（つまり贈られるリボンではなく「盗まれたリボン」）を認めることができます。これらの存在から、フランスにおけるリボンの表象は長い間変わらず男女の恋愛関係を示唆する意味を担っていたものと考えられるでしょう。

このように雅宴画におけるリボンは、17世紀の流行現象であったギャラントリーの残像であると思われてなりません。もちろん、中世騎士道文化の残像でもあります。恋人たちの情景を描く雅宴画において、絵画として表現しようとする恋愛遊戯の世界を演出するための、リボンは極めて格好の小道具、そして欠くことのできない小道具となっていたのではないでしょうか。

つまり、最初に紹介したジャン・フランソワ・ド・トロワの描くリボンは、17世紀のギャランや中世のファヴールという名の剣のリボンにほかならないといえるでしょう。そして、そのように考えたときに、トロワの〈ほどけたくつした留め〉の絵は、男性が女性のほどけたくつした留めを締め直すのを手伝おうとしていて、それを女性が拒否している絵と解釈されてきましたが、そうではなく、男性が女性のくつした留めであるリボンをわがものにしたいと思って

第3章　雅宴画のリボン　37

いて（つまりシェリュバンがリボンを奪ったように）、それを女性が固辞している場面という解釈ができるのではないかと思われてなりません。そして、画中の人物に過去の時代の衣服を身につけさせていたといわれるランクレにとっても[xi]、恋人たちの表現にギャラントリーを表すリボンは必要不可欠な装飾品であったでしょう。雅宴画は現実とフィクションのはざまにある絵画であり、そうであるからこそ、象徴的な形で、かつてのリボンの意味と機能をさりげなく残すことができたのではないでしょうか。

　雅宴画のリボンと、文学作品におけるリボンは、同様の意味を担っていたといえるでしょう。シェリュバンのリボンも、ルソーの盗まれたリボンの意味も、彼らの精神世界にあるリボン像の投影として、読み解くことができると思われます。トロワやランクレの雅宴画に描かれたリボンは、恋人たちを彩る心象風景としてのリボンであり、17世紀前期に固有の風俗であったギャラントリーの残滓という意味も負っていると考えられます。そして、ギャラントリーの記憶を、フランス文化のなかにつないでいったものが、ささやかな服飾小物のリボンであったとも理解できると思われるのです。

［注］

i　Richard Rand, *Intimaite Encounters, Love and Domesticity in Eighteenth-Century France*, Princeton, Princeton University Press, 1997, pp.104–105 ; Christophe Leribault, *Jean-François de Troy, 1679–1752*, Paris, Arthena, 2002, p.271.

ii　C.Leribault, *ibid.*, p.335.

iii　Georges Wildenstein, *Lancret, biographie et catalogue critiques l'œuvre de l'artiste reproduite en deux cent quatorze héliogravures*, Paris, Georges Servant, 1924 ; Mary Tavener Holms, *Nicolas Lancret, 1690–1743*, New York, Harry N. Abrams, 1991. 参照。

iv　Georges Wildenstein, *op.cit.*, pp.23–24 ;『ブーシェ・フラゴナール展』、1990年、p.153。

v　*Ibid.*, p.25.

vi　Voiture, *Œuvres de Voiture, Lettres et Poésies*, Genève, Slatkine Reprints, 1967, p.99（Lettre, 36, à Mademoiselle Paulet, mars 1633）

vii　La Curne de Sainte-Palaye, *op.cit.*

viii　ピエール＝オーギュスタン・カロン・ド・ボーマルシェ『フィガロの結婚』石井宏訳、新書館、1998年、p.36、p.62。

ix　ルソー『告白（上）』桑原武夫訳、岩波文庫、1965年、p.121、p.124。

x   同、p.87.

xi   Georges Wildenstein, *op.cit.*, p.24.

第 4 章
印象派の絵画とモード

　第3章では18世紀の雅宴画や風俗画のなかの服飾についてみてみましたが、ほぼ1世紀下った印象派の絵画は、第1章で述べたように、「現代生活」を描くため、ファッション・プレートを参考にしていたという説があります。本章では、このことがどういう意味をもつのかを考えてみたいと思います。美術の巨匠が描いた絵画と、モードの伝達手段でもあったファッション・プレートがどのような影響関係にあったのかを、具体的にみていきましょう。

1．モードとルノワールの「ロココ趣味」

　2016年に国立新美術館でおこなわれた「ルノワール展」では、印象派の巨匠ルノワール（Pierre-Auguste Renoir, 1841-1919）の多くの作品を展覧しましたが、いくつかあるテーマのなかで、ルノワール自身が18世紀の美術様式であるロココに大変関心があったということにも焦点が当てられていました。ルノワールは、画家になる以前の陶器の絵付け職人のころから、18世紀ロココを代表する雅宴画（fête galante）の巨匠、ブーシェ（François Boucher, 1703-1770）やフラゴナール（Jean Honoré Fragonard, 1732-1806）の絵画を大変好んだということでした。雅宴画に描かれるのは、多くの場合、戸外で恋人たちが楽しそうに宴を催していたり、楽しそうに語らったりしている様子です。そして、雅宴画は当時の流行の美しい衣装が詳細に描かれるものでもありました。ルノワールは悲しい絵を描かず、終始一貫して「生きる悦び」を描いていたということも、ロココの絵画、つまり雅宴画の特色と一致していると思われます。ロココ美術も当世風

俗を描き、「生きる悦び」(la joie de vivre) を描いているとよく説明されるから
です。

　実は、ルノワール自身のロココへの強い関心とは別に、当時、つまり第二帝
政期以降のモードにおいても、ロココへの憧憬、あるいはロココ復活とでもい
ったらよい現象がみられました。これは第6章と第7章で詳しく記しますが、
第二帝政期の皇帝ナポレオン3世の妃ウジェニーが、マリー・アントワネット
に心酔し、18世紀モードへの憧れを強く抱いていたことはよく知られていま
す。そのことがひとつの要因になって、19世紀の半ばには、クリノリンという
スカートを膨らませるファウンデーションが生まれ、それがこの時代の18世紀
好みの証とも言われています。そして実際に19世紀後半のモード雑誌をみてい
ると、ルイ15世様式やルイ16世様式という言葉が散見されるので、明らかにモー
ドの世界におけるロココ趣味は存在していたといえるでしょう。

　さらに、筆者がこれまで調査してきた当時の礼儀作法書などをみると、18世
紀つまり旧体制時代の服装のエチケットが、そのまま19世紀後半の作法書に再
録されていることも多く見受けられます。このことも、当時の人びとが失われ
た前世紀、しかも一度は否定した華やかな貴族社会に憧れを抱いていたことを
明かす事実といえるでしょう。

　このように、印象派の画家ルノワールのロココ趣味（18世紀への憧れ）と、モー
ドにおいてのロココ趣味が、同時期に存在していたことを、はじめに指摘し
ておきたいと思います。

✖ 2．モードの高級化と大衆化：オートクチュール、百貨店、モード雑誌

　当時の服飾文化にかかわる社会背景として、オートクチュールと百貨店の誕
生、およびモード雑誌の大量出版について述べておきましょう。オートクチュ
ール（高級注文服）のデザイナーの元祖とされるシャルル・フレデリック・ウォ
ルト Charles Frederic Worth (1825–1895) は、1858年にパリのラ・ペ通りにメゾ
ンを開きました。ウォルトはよく知られるようにナポレオン3世妃ウジェニー
の夜会のドレスなどを主にデザインして、多大な影響力をもったデザイナーで

第4章　印象派の絵画とモード　　41

す。いっぽう、1852年にはパリにはじめての百貨店、ボン・マルシェも誕生します。1865年にプランタンなども次々と誕生し、これら百貨店の誕生によって、既製服を誰でも自由に買い物できるという状況が生まれていました。このように、オートクチュールによるファッションの超高級化と、百貨店によるファッションの大衆化、という双方向の流れができたのが、ちょうど1860年代前後のことであり、印象派の画家たちが絵画を描いていた時期と重なっていました。

　また、19世紀には印刷技術の発展により、大量の定期刊行物が発行されるようになっていました。版画入りの雑誌なども多く出版され、モード雑誌も同様に大量出版されるようになりました。19世紀は「雑誌の世紀」とも言われ[iv]、モード雑誌の洪水状態ともいえるような状況がおこり、80種あるいは100種以上ともいわれるほどのモード雑誌が、生まれては消え、消えては生まれるという大乱立の状況であったといいます。もちろん、なかには長く続いたモード雑誌もあります。これらのモード雑誌は、多くは、月刊、場合によっては半月、つまり2週間ごとに刊行されたり（1日と15日刊行）、さらには週刊の場合もありました。大きいものでは37センチ×26センチ程の大型フォリオ版のものもあり、週刊の場合は8ページから10ページ程度の薄いものになっています。この場合は、雑誌というよりは新聞といったほうが適切かもしれません。文字ばかりの雑誌もありますが、詳細な版画が描かれていることもありました。そして、これらの冊子のなかには、ファッション・プレートといわれる彩色版画が2枚から3枚はさまれてもいました。19世紀から20世紀はまさしくファッション・プレートの黄金期で、ほぼ毎週のモード雑誌にはさまれていると考えると、当時どれだけ多くの人びとが新しいモードに関心が高かったのかと思います。その頻度と内容の充実の度合いには驚くばかりです。しかも、ファッション・プレートだけでなく、モード雑誌には、毎号のようにモード論が展開されたり、雑誌で紹介している衣服の型紙がはさまれることもありました。フランス語ではpatronと呼ばれるこれらの型紙をもとに、雑誌の購入者は、流行の衣服を自分で制作することも可能であったし、自分でできない場合には、仕立屋などに頼んで作ることもできました。雑誌の出版元自体がアトリエをもち、雑誌とタイアップして婦人服の製造販売をおこなうことさえありました[v]。女性のたしな

みのひとつでもあった手芸、つまり刺繡やレース編みなどの図案もしばしば掲載されており、女性たちが、これらを参考に手芸や家庭裁縫をおこなっていたことは十分に想像できます。

このように19世紀には大変なモード雑誌の流行がありましたが、なかでも、人気のあったもののひとつが週刊の *La mode illustrée* です[vi]。発行年が1860年から1937年までと、長期にわたって刊行され続けていたという点でも、当時の代表的なモード雑誌といえます。発行部数は10万部にものぼったそうです。読者層は中上流階級向けと考えられます（主に家庭の主婦とその娘が対象）。なかには同時期に誕生したルーヴル百貨店の広告などが載っていることもありました。

3．現代生活を描く印象派とファッション・プレート

現代では、最新のファッション情報は雑誌の写真や、ネット情報、あるいはInstagramなどで知ることと思います。しかし、写真がなかった19世紀には新しいファッション情報は、前節で述べたようなファッション・プレートと呼ばれる版画によって流布され、人びとはこのプレートで視覚的にファッションを知ることができました。このファッション・プレートとはすでに述べた通り、当時のモード雑誌にはさまれていた彩色版画ですが、多くの場合1冊のモード雑誌に2枚か3枚程度はさまれていて、現在では本体のモード雑誌から離れて、単体でパリの古本屋などで売られることもあります。このようなファッション・プレートと、印象派の絵画が似ているといわれることがあるので

図4-1　*La Mode illustrée*, 1865年（日本女子大学家政学部被服学科所蔵）

第4章　印象派の絵画とモード　　43

図4-2　Paul Cézanne, La Promenade, 1871, Collection particulière（出典：*L'impressionisme et la mode*, Flamamarion, 2012, p.122）

図4-3　*La Mode illustrée*, 7 mai 1871, Collection particulière（出典：*L'impressionisme et la mode*, Flamamarion, 2012, p.122）

すが、具体的なファッション・プレートとの近似例としてよくあげられるのは、クロード・モネの〈庭の女性たち〉（1866-1867年）です[vii]。まず、庭でポーズをとっている女性たちという主題そのものが、ファッション・プレート的な題材でありました。たとえば典型的なファッション・プレートの1枚が図4-1ですが、これも戸外の庭で女性ふたりがポーズをとっています。またモネの作品では女性が左を向いたり右を向いたり、立ったり座ったりしていますが、このようなモデルの動きもファッション・プレート的であったということができます。ファッション・プレートは流行の衣服をいかに魅力的に描くかということが目的であるので、衣服をもっとも美しく見せる角度から描きました。そのためモデルはさまざまな方向を向いているのです。これと同じことをモネの〈庭の女性たち〉でもみることができるといえるでしょう。実際、モネのこの作品は、モデルの視線は鑑賞者の側に向けられておらず、そのため女性の衣服の美しさのほうに鑑賞者の目は誘われます。モネは服飾の美しさを描くことに

力点をおいていたように思われるのです。

　さらに、セザンヌの絵画には、明らかにファッション・プレートを真似た、あるいはファッション・プレートに完全に取材しているものが存在しています。図4-2の〈散歩道〉(1871年頃)です。構図はもちろん女性のポーズから衣服まで、図4-3に示す、先に述べた当時の最新流行の雑誌 La mode illustrée にはさまれたファッション・プレートと、ほぼ同じものが描かれています。セザンヌは衣服そのものへの関心は薄かったのかもしれませんが(あまり衣装の細部が上手に描かれていませんので)、このような女性たちの姿を描くことこそが「現代性」を表現すると考えたのでしょう。

　このように、印象派の画家たちにとって、モードは身近なものであり、ときにはファッション・プレートを参照することもあり、「現代性」を描く手段として彼らがモードを描いていたのは明らかな事実といえそうです。

4　ルノワールの描いた服飾

　印象派の画家のなかでも、特にモードに関心のあったルノワールは、作品のなかでさまざまな種類の服飾を描いていました。それでは、具体的にそれらがどのようなものか、モード雑誌 La mode illustrée と比較しながら、最初に述べた2016年の国立新美術館で展示された作品を中心に、読み解いてみたいと思います。

　まず〈ダラス夫人〉(1868年頃)です。この作品は、胸から上の胸像なので、全体はよくわかりませんが、帽子の様子から、明らかに乗馬服を身につけた女性の姿が描かれたものと考えられます。La mode illustrée には多くの乗馬服の女性が描かれています(図4-4)。乗馬をするときは、

図4-4　アマゾンヌ(乗馬服の姿)の女性たち。
La Mode illustrée, 7 mai 1876 (日本女子大学家政学部被服学科所蔵)

第4章　印象派の絵画とモード　　45

図4-5 シャンティ・レースのヴェールをつけた女性。*La Mode illustrée*, 26 septembre 1875（日本女子大学家政学部被服学科所蔵）

図4-6 ルノワール〈ぶらんこ〉、La Balançoire 1876（Photo ⓒ Musée d'Orsay, Dist. RMN-Grand Palais／Patrice Schmidt／distributed by AMF）

女性は男装のような格好をしていました。シルクハットは男性用の帽子ですが、日除けか汚れをさけるためのヴェールをつけているところに、女性らしさも感じられます。実は近世以来、女性は乗馬の際にこのようにハットをかぶって男装風の格好をしているものでした。このような姿はアマゾンヌという名称で呼ばれて流行していました。

〈ヴェールをつけた若い女性〉（1875-1876年頃）については、このようなヴェールが当時人気のある服飾品であったことがモード雑誌から読み取れます（図4-5）。*La mode illustrée* によれば、このレースはシャンティのレースでした。シャンティは、近世以来、レースの産地として知られ、このような黒い絹を使ったボビンレースがよく作られていました。黒いレースは19世紀になってから流行したもので、そこにはやはり皇妃ウジェニーの影響があるようです。ウジェニーはレース好きとして知られますが、スペイン出身であったため、スペイン風の黒いレースが流行したといわれているのです。また旅装でもヴェールが着用され、ヴェールには日除けやすす除けなどの機能があって、外出の際に女性が身につけるものでもありました。

さらに、〈ぶらんこ〉（1876年）（図4-6）の女性が身につけている外出着は、当時実際に流行していたデザインであ

ったことがうかがえます。ほぼ同じデザインのドレスが *La mode illustrée* 1877年6月3日号に掲載されているからです（図4-7）。このドレスは同誌にしばしば衣裳図が掲載されたフラドリー夫人のブティックのものでした。ただし掲載年はルノワールの〈ぶらんこ〉制作年の後になるため、絵画とどのような影響関係にあるのかは、明確にはわからないところもあります。また、*La mode illustrée* に記されている説明文を読むと、このドレスは刺繍が施され、前面に並んでいるリボンはマンダリンオレンジ色と黒色であったと記されているので、ルノワールの描いた青色のものとは若干異なっている部分もあります。しかし、デザイン自体はほぼ同じで、ルノワールが同時代の流行に敏感であったことを示しているといえるでしょう。

図4-7　ルノワール〈ぶらんこ〉と同様のドレス。*La Mode illustrée*, 3 juin 1877（日本女子大学家政学部被服学科所蔵）

また〈ぶらんこ〉というテーマは、18世紀の雅宴画によく見られた主題であり、フラゴナールの〈ぶらんこ〉（1767年頃）との主題の近似性についても指摘されています[xi]。ルノワールのロココ好みのひとつの昇華の形がこの絵画であるといえるのでしょう。

1900年代くらいになりますと、ちょうど、美術様式ではアール・ヌーヴォーという様式が流行するようになりますが、アール・ヌーヴォーの特徴であるゆるやかな曲線をイメージしたくなるような、「S字ライン」と呼ばれる、シルエットの服装が流行るようになっていきます。ちょうど時を同じくして、女性のファッションのポイントとして、大きな帽子が目立つようにもなっていきます。ルノワールの作品でも、後期のものになりますと、このころのファッションが描かれていくようになります。

たとえば、〈ベルネーム・ド・ヴィレール夫妻〉（1910年）は、夫妻が座っている姿が描かれていますが、立ち姿でしたら、きっとシルエットは、このS

字ラインになっていたはずです。明らかにそのようなコルセットも身につけているであろうことが、描かれている上半身のシルエットからうかがえるからです。

　同じヴィレール夫人でも、〈ガストン・ベルネーム・ド・ヴィレール夫人〉(1901年)は、戸外が背景に描かれているものの、おそらく部屋着姿で、コルセットもつけずにかなりゆったりとしてくつろいでいる様子に描かれています。このように同じ人物であったとしても、シチュエーションごとに、ルノワールは衣装を描き分けていました。

　つまり、19世紀後半の女性たちは、多くの礼儀作法書からも理解できるように、シチュエーションや1日の時間帯によって服装を変えるものでした。その様子もルノワールの作品からはうかがい知れるのです。

　このように印象派の画家とモードの関係の深さは多くの絵画から読み解くことができます。画家は、同時期のモードをかなり正確にとらえて、描く人物像に適切な服装を描き分けていました。このような服飾への理解を深めたうえで、印象派の絵画を鑑賞すると、絵画へのあらたな見方ができるのではないでしょうか。次章では、さらに深く読み解いていくことにしましょう。

[注]

i 　『オルセー美術館・オランジュリー美術館所蔵ルノワール展』、シルヴィ・パトリ監修、日本経済新聞社、2016年、pp.90-97、(以下では『ルノワール展』と略記する)。

ii 　『フランスモード史』、pp.170-171.

iii 　フィリップ・ペロー『衣服のアルケオロジー：服装からみた19世紀フランス社会の差異構造』文化出版局、1985年。『フランスモード史』、pp.31-70.

iv 　古賀玲子「ファッション誌の変遷：黎明期から現在まで」『文化女子大学図書館所蔵服飾関連雑誌解題・目録』2005年、pp.14-24. 松田祐子『主婦になったパリのブルジョワ女性たち：100年前の新聞・雑誌から読み解く』大阪大学出版会、2009年。

v 　2014年4月2日から8月17日にかけてパリ市プチ・パレ美術館で行われた「パリ1900年スペクタクルな町」展にて展示されたドレスを参照。

vi 　*La mode illustrée, journal de la famille*, Paris, Firman Didot, 1860-1937. 本誌価格は、白黒、型紙無で、25サンチーム。白黒、型紙有、50サンチーム。カラー、型紙無、50サンチーム。カラー、型紙有、75サンチームであった。

vii 　Mark Roskill, «Early Impressionism and the Fashion Print» in *Burlington Magazine*, 112 (June

1970), pp391–395.; Valerie Steele, *Paris Fashion, a Cultural History*, （1988）Berg, NY, 1998, p.125

viii *Ibid.; Ibid.*, p.130.; John Rewald, *The History of Impressionism*, Sacker & Warburg, London, 1973, p.203.

ix たとえばマリー・アントワネットの乗馬姿も男装風である。Juliette Trey, *La mode à la cour de Marie Antoinette*, Gallimard, 2014, p.107.

x *La mode illustrée*, le 6 mai, 1877.

xi 『ルノワール展』、p.84。

第 5 章
ルノワールの舞踏会

第4章で述べたルノワールについて、もうすこし掘り下げて、絵画に描かれた服飾をじっくり読み解いてみましょう。描かれた服飾について分析することで、その絵画に秘められた別の意味も見えてくると思います。本章では、引き続き当時のモード雑誌とも比較して考察してみたいと思います。

1．「ルノワール展」にて

筆者は2016年4月27日から8月22日に開催された国立新美術館の「ルノワール展」の関連行事にかかわることになり、ルノワールの絵画に描かれた服飾について考察する機会を得ました。ルノワールについては多くの美術史家による研究の蓄積がありますが、本章では、第4章に引き続き、服飾の観点から読み解くとなにがみえてくるかを明らかにしたいと思います。特に、当時量産されていたモード雑誌、*La mode illustrée* と比較をすることによって、同時代のモードとの関係を明らかにしたいと思います。

国立新美術館での展覧会の白眉は、日本初公開の〈ムーラン・ド・ラ・ギャレットの舞踏会〉（図5-1）でした。これはよく知られているように、パリの北部にあるモンマルトルの丘にあったムーラン・ド・ラ・ギャレットという名のレストランで、日曜日の昼下がりに木漏れ日の下、パリっ子たちが楽しくダンスをしたり食事をしたり、といった情景が描かれています。特に女性たちは思い思いのファッショナブルな衣服を身につけて、楽しく時を過ごしているように見受けられます。1876年の作品で、時期的には第二帝政が終わり第三共和政という体制になったときの絵であり、ルノワールの代表的な作品であること

図5-1　ルノワール、ムーラン・ド・ラ・ギャレットの舞踏会 (Photo (C) Musée d'Orsay, Dist. RMN-Grand Palais／Patrice Schmidt／distributed by AMF)

はいうまでもありません。そこでルノワールの描いた「舞踏会」を中心に考察してみます。

2．ムーラン・ド・ラ・ギャレットの舞踏会

　〈ムーラン・ド・ラ・ギャレットの舞踏会〉（図5-1）に描かれているさまざまな人物について、どのような人でどのような場面が描かれているのか、その服装から考察してみましょう。
　まず、手前に座っている女性は、お針子のエステルという人物です。縦縞模様のドレスがとても素敵です。この縞模様のドレスと類似した実物資料には、京都服飾文化研究財団所蔵の1860年代のデイ・ドレスをあげることができると思います[i]。縞柄は、中世にはあまりいい意味で用いられませんでした[ii]が、フランス革命前から流行をしはじめ、19世紀半ばにはごく一般的な女性服の柄になっていました[iii]。つまりどちらかというとカジュアルな装いでした。同財団所蔵のドレスでは太めの縞の紫色に化学染料のモーヴェインが用いられています。

第5章　ルノワールの舞踏会　　51

1856年に世界初の化学染料として、ウィリアム・パーキンによって発明されました。このモーヴェインの紫を発端として、その後種々多様な化学染料が生まれ、染色業の工業化が進み、女性の衣服は色鮮やかになっていきました。エステルの身につけている縞柄のドレスも、おそらく化学染料で染められたこのようなデイ・ドレスであったと思われます。そして、画中のエステルは座っているのでよくわかりませんが、おそらく腰までの上衣との組み合わせのドレスを着ていただろうと考えられます。このような短めの女性用上衣はカザカンと呼ばれ、18世紀頃から元来市民服として存在してきました。

さらに、エステルの後方にいて、こちらを向いて幸せそうに踊っているルノワールのお気に入りのモデルであったマルゴのドレスも見てみましょう。このドレスは第４章で考察したルノワールの作品〈ぶらんこ〉のドレスと同じものではないかと思われます[iv]。実は、当時の画家たちは、同じ衣装や同じモデルを何度も使いまわすことがありました。たとえば、モネの〈草上の昼食〉(1866年) の女性たちが身に着けている衣装は、同じく第４章で検討したモネの描いた〈庭の女性たち〉と同じものであることが指摘されており、実は当時のパリでは衣装のレンタルもおこなわれていたのでした[v]。ルノワール自身も同じ衣装を別の絵画のなかで用いていることがわかっています[vi]。したがって、〈ぶらんこ〉と〈ムーラン・ド・ラ・ギャレットの舞踏会〉においても、同様のことがおこなわれていた可能性は十分に考えられるでしょう。この流行のリボンのドレスをルノワールは気に入っていたのかもしれないし、実際に所有していた可能性も考えられなくはありません[vii]。

3．都会のダンス、田舎のダンス

さらに、舞踏会に関係の深い作品として、今回出展された〈田舎のダンス〉(1883年)(図５−２) と〈都会のダンス〉(1883年)(図５−３) も同様に検討してみたいと思います。

まず、〈田舎のダンス〉ですが、この作品のモデルは後にルノワールの妻になるアリーヌでした。19世紀前半には鉄道が敷設されていたので、パリ・モー

図5-2　ルノワール〈田舎のダンス〉（1883年、オルセー美術館）（Photo (C) RMN-Grand Palais (musée d'Orsay)／Hervé Lewandowski／distributed by AMF）

図5-3　ルノワール〈都会のダンス〉（1883年、オルセー美術館）（Photo (C) RMN-Grand Palais (musée d'Orsay)／Hervé Lewandowski／distributed by AMF）

ドは、鉄道網の普及とともに、田舎にも伝えられるようになっていました。また、百貨店はすでに当初から通信販売もおこなっていました。そしてモード雑誌からうかがえるように、最新の雑誌の型紙を参考に家庭裁縫もできたため、さまざまな手段で、田舎であってもそれなりにパリ・モードを享受できる環境が整っていたといえます。それゆえ、アリーヌも当時流行のお尻の部分がふくらんだバッスルスタイルのドレスを身につけて、幸せそうに踊っているのでしょう。ただし、木綿のプリント地は、どちらかというと大衆に支持された布です。というのは、19世紀前半から、捺染技術の機械化で木綿の小花模様のプリント地は量産されるようになっていたからです。化学染料を用い、工業生産され、大量生産され、とても安価になっていたと思われます。

　一方、〈都会のダンス〉の男性はおそらく燕尾服のようなものを身につけて

第5章　ルノワールの舞踏会　　53

おり、女性はおそらくシルク・サテンの優雅なドレスをまとっています。ドレスの光沢の度合いからも、高級感を感じます。しかし、このモデルは、元はサーカスのブランコ乗りで後に画家になり、画家ユトリロの母になったシュザンヌ・ヴァラドンという女性です。上流社会の人物とはいいがたいでしょう。つまり、この絵は「演じられた」都会の上流社会の様子なのではないでしょうか。

この作品と対比したいのは、ジェームズ・ティソの〈舞踏会〉(1880年)(図5-4)です。ティソは、社交界、上流社会をよく描いた画家でした。ルノワールの作品と比べると、ドレスの装飾がはるかに華やかです。レースやフリル、リボンが多用されているのがみてとれます。それに比べて、ル

図5-4 ジェームズ・ティソ〈舞踏会〉(1880年、オルセー美術館)(Photo (C) RMN-Grand Palais (musée d'Orsay) ／René-Gabriel Ojéda／distributed by AMF)

ノワールの作品はドレスの土台しか描かれていないとも受け止められないでしょうか。19世紀の女性のモードにおいて重要な要素は装飾でしたが、ルノワールの〈都会のダンス〉にはこれがまったく描かれていないように見えます。また舞踏会では扇子言葉というコミュニケーション手段が用いられたため、扇子は女性の必携品でしたが、ルノワールの〈都会のダンス〉ではこれをもっていません。

4．舞踏会の装い

比較検討のために、*La mode illustrée* もみてみましょう。このモード雑誌には舞踏会のドレスもかなりの頻度で掲載されています。特に年末から年始にかけては、華やかな舞踏会があちこちでおこなわれており、そのときの流行の

舞踏会用ドレスが掲載されています。たとえば、図5-5は1876年1月9日刊行の表紙に描かれた舞踏会の衣装です。花やリボン、レースなど、豪華な装飾がされ、髪の毛にもやはりリボンや花などが添えられており、美しく結い上げられています。当時の上流階級の舞踏会の場所は、オペラ座やヴェルサイユ宮殿や貴族の城館などであり、図5-6に描かれているのはオペラ座の桟敷席の様子でしょう。髪をきれいに結い上げ、手には花束も持ち、ドレスにも花やレースなどの装飾がふんだんに施されています。

図5-5 舞踏会のドレス。*La Mode illustrée*, 9 janvier 1876（日本女子大学家政学部被服学科所蔵）

19世紀後期の大変なベストセラーの作法書、スタッフ夫人の『社交界の慣習』(1891年)によると、当時の舞踏会は花との関係が深く、たとえば、花の舞踏会、バラの舞踏会、サクラソウの舞踏会、などが催されていました。これらの舞踏会では、花を衣装に使ったり、花を持ったり、会場に花を飾るなどしていました。このように、舞踏会には花はつきものだったと思われ、その装いにも花は多く使われるものであったようです。

また、*La mode illustrée* には髪型も図解されています。すこし高く盛り上げた形に結い上げているのが、舞踏会の髪型でした。花やリボンや鳥の羽などで飾っています。このように結い上げた髪型は、実はつけ毛で作られていました。*La mode illustrée* にはつけ毛の種類も図解され（図5-7）、どのように髪に留めるかまで細かく解説されていました。1882年4月16日号の表紙には coiffure de bal と記され、つまり舞踏会の髪型が描かれています（図5-8）。つ

図5-6 舞踏会のドレス。*La Mode illustrée*, 6 février 1876（日本女子大学家政学部被服学科所蔵）

第5章 ルノワールの舞踏会 55

図5-7 つけ毛の種類の図解。*La mode Illustree*, le 27 septembre 1868（日本女子大学家政学部被服学科所蔵）

図5-8 舞踏会の髪型〈coiffure de bal〉*La Mode illustrée*, 16 avril 1882（日本女子大学家政学部被服学科所蔵）

け毛で高く盛り上げたものと思われます。

さらに *La mode illustrée* には、舞踏会全体の様子も描かれます。たとえば、1878年1月6日号の図5-9を見てみましょう。この時期のドレスはバッスルではなく、やや体に密着した印象のドレスで、特に腰から下がフィットしています。プリンセスドレスと呼ばれて大変流行ったシルエットでした。同時期の舞踏会用ドレスの実物遺品を京都服飾文化研究財団所蔵しています。後ろに長いトレーン（引き裾）をひいており、多量のレースを使ってる大変豪華なドレスです。18世紀から特にボビンレースの産地として有名な、フランス中部の町ヴァランシエンヌのレースを、少なくとも3種類50メートルほども使っているそうです。

また、ジャン・ベローの〈夜会〉（1878年）とも比較しておきましょう。ジャン・ベローは自身が上流階級の出身とのことで、舞踏会の様子をよく描き、上

56　第Ⅱ部　アート

図 5-9　舞踏会の様子。*La Mode illustrée*, 6 janvier 1878（日本女子大学家政学部被服学科所蔵）

流階級の人びとが集う社交界の様子がよくわかります。男性は黒 1 色で、燕尾服、シルクハットを手にもち、白い手袋をはめています。女性は美しく色彩豊かな、そして装飾が豊かにつけられているドレスを身につけ、髪の毛もきれいに結い上げ、手には扇子をエチケットとして持っています。図 5-9 の舞踏会の図においてもそれらの様子はうかがえます。このような情景が、上流社交界の舞踏会であったと考えてよいのでしょう。

5. ルノワールの「舞踏会」

　ルノワールの〈都会のダンス〉（図 5-3）にもう一度戻ってみましょう。たしかにファッショナブルなドレスを身につけてはいますが、当時の女性のドレスで重要であった装飾品は一切ないのが一目瞭然です。髪の毛もつけ毛は用いず、自分の髪の毛のみで結い上げ小さな花をひとつ飾っているだけで、手には扇子もありません。いうならば借り物の印象なのですが、事実、前述のように、パリでは衣装のレンタルがおこなわれていました。

　さらに、〈田舎のダンス〉（図 5-2）です。こちらは扇子を手にしてはいますが、すこし古ぼけた古箪笥の奥から取り出してきたような印象の扇子で、帽子

も手袋も上流階級のものとは明らかに異なります。そして男性はラウンジスーツを着用しています。ラウンジスーツは背広に発展していった衣服といわれるものですが、ホテルのラウンジなどでくつろぐためにできたスーツで、燕尾服より格下でした。このように、当時のモード雑誌や同時代のほかの画家の作品をもとに服飾の観点から比較をすると、ルノワールの描いた「舞踏会」は上流社会の舞踏会とは明らかに異なっており、モデルとそれを描いたルノワールの所属する社会階層が、透けて見えてくるように思われてならないのです。

✖ 6.「生きる悦び」としてのモード

　最後にあらためて、〈ムーラン・ド・ラ・ギャレットの舞踏会〉に立ち返ってみましょう。以上で述べてきたように、この作品の原題には「舞踏会」を意味する bal の語が用いられていますが、明らかに上流社交界の舞踏会とは異なっています。しかしだからといって、偽物というわけではありませんでした。これも、この時代のもうひとつの舞踏会なのです。上流階級ではなくとも、休日には彼らなりの精一杯のおしゃれをし、パリで流行している服装を身につけて、楽しく歌って踊って食べて、人生を謳歌することができる、そのような幸せなパリの日常のひとこまを切り取った作品ではないかと、あらためて服飾の側面から読み取れるように思います。

　もちろん、モード雑誌と比較すれば、服装の微妙な差異は明らかであり、彼らの所属している社会階層が明確に見えてくるようです。実際、ここに描かれている多くの人びとは、よく知られていることですが、ルノワールの親しい友人たちでした。しかし、ルノワールの友人知人たち、つまりは庶民といってもいい階層の人びとが、値段や手に入れる手段は多様であったかもしれませんが、おしゃれを楽しむことができる時代になったことを、明らかに示しているのがこの作品なのでしょう。

　そして、実はルノワール自身が愛着した世界は〈都会のダンス〉よりも、自分の妻となる女性を描いている〈田舎のダンス〉や〈ムーラン・ド・ラ・ギャレットの舞踏会〉のほうなのではないかとも思われます。つまり、裕福なパト

ロンらを介して、上流社会も見知ってはいたかもしれませんが、急激に近代化が進んでいくパリのなかに残っていた、このような素朴でささやかな日常の自分の仲間たちと過ごす幸せな世界を、ルノワールはまさに「生きる悦び」として19世紀の「雅宴画」を、描いたのではないでしょうか。そして、彼にとってそのような「生きる悦び」を表現する手段として、「モード」や「服飾」は存在していたのではないかと思うのです。

[注]

i 第1章で述べたオルセー美術館で2012年におこなわれた「印象派とモード展」にも同様の実物資料が展示された。Groom, *op.cit.*, cat.11.

ii 徳井淑子『色で読む中世ヨーロッパ』講談社、2006年。ミシェル・パストゥロー『悪魔の布、縞模様の歴史』松村剛・松村恵理訳、白水社、1993年。

iii *Gazette des atours de Marie Antoinette, Garde-robe des atours de la reine, Gazette pour l'année 1782*, Réunion des musées nationaux, 2006にも、マリー・アントワネットの衣裳に用いられた布として、縞柄の布片が付されている。

iv 深井晃子氏も同様のことを述べている。深井晃子「ルノワール・モードの画家（キュレトリアル・スタディズ）」、『Cross Sections』2、京都国立近代美術館、2009年、pp.91-95.

v V.Steele, *op.cit.*, p.126.

vi 『Modern Beauty』p.38。

vii 同書、p.38。

viii 『フランスモード史』p.34。

ix 深井晃子監修『京都服飾文化研究財団コレクション、ファッション、18世紀から現代まで』Taschen、2002年（以下では『京都服飾文化研究財団ファッション』と略記する）、p.204。また「印象派とモード展」（2012年オルセー美術館）には〈田舎のダンス〉のドレスに似通った実物遺品も出展された。Groom, *op.cit.*, cat.4.

x ヴェブレン『有閑階級の理論』小原敬士訳、岩波文庫、2010年。19世紀において女性の存在自体が男性にとっての装飾であった。

xi 鹿島茂『明日は舞踏会』、作品社、1997年、pp.80-160。

xii Baronne Staffe, *Usages du monde, Règle du savoir-vivre dans la société moderne* (1889), Paris, Tallandier, 2007, pp.183-194.

xiii *La mode illustrée*, le 27 septembre, 1868など参照。

第 6 章
ネオ・ロココのモード
―アントワーヌ・ヴァトーを中心に―

> 印象派の絵画が描かれるようになるすこし前のフランス第二帝政期には、18世紀のロココ美術を懐かしむ風潮がみられました。このような風潮は「ネオ・ロココ」とも呼ばれましたが、絵画や美術だけではなく服飾にも現れた美意識でもありました。ネオ・ロココつまり19世紀の「ロココ趣味」とは具体的にどのようなものであったのか、本章では考察したいと思います。

1．第二帝政期の「ロココ趣味」

　フランス第二帝政期は、1852年から1870年までのナポレオン・ボナパルト (Napoléon Bonaparte, 1769–1821) の甥であるナポレオン3世 (Charles Louis-Napoléon Bonaparte, 1808–1873) が統治した時期のことをさしています。この時期はいわゆる「オスマンの大改造」によるパリの大都市計画がおこなわれたり、第5章で述べたようにボン・マルシェをかわきりにプランタンやサマリテーヌなど相次ぐデパートの誕生や、ウォルトによるオートクチュールの隆盛がみられるなど、服飾史の観点からみて大変興味深い時期でもあります。

　そのような服飾史上の転換点にあるこの時期に、パリ・モードにおいては一種の懐古趣味とも受け止められる「ロココ趣味」が見受けられました。前述のように、印象派の画家ルノワールにもそのことをみることができました。フランス19世紀はフランス革命による貴族社会の否定からはじまりましたが、1814年にはじまる復古王政から1830年代の七月王政期など、繰り返し過去の旧体制（つまりアンシャン・レジーム）の時期を懐かしむ、あるいは、それらの復活を求

める機運が高まる時期が現れています。これらの時期には、政治的にも文化的にも旧体制を復権させようとする動きがありました。18世紀の文学や美術の復権と見直しは七月王政のときにはじまったといわれ[i]、たとえば、社交界における種々の礼儀作法についても、旧体制のものがそのまま復活するようなこともありました[ii]。このような19世紀における前世紀を懐かしむ風潮は、たとえば小説家であり歴史家でもあったゴンクール兄弟（Edmond de Goncourt（1822-1896）& Jules de Goncourt（1830-1870））が、類まれなる熱意をもって次々と執筆した一連の18世紀研究の著作の刊行にも、その一端をうかがい知ることができると思います[iii]。彼らも第二帝政期を生きた人びとであり、この時期が特に18世紀を憧憬する意識や風潮がみられた顕著な時代であったのはよく知られるところでしょう[iv]。

　具体的には、前世紀の18世紀の美術様式やスタイルを模倣するような趣味がみられました。このことは、特に装飾芸術に顕著にみられたものであったようです。この時期の家具調度品は独特の復古趣味的な造形がなされており[v]、それらが「ルイ16世様式」「ルイ15世様式」などという言葉でしばしば形容されていました。そして、第二帝政期の復古的な美意識についての研究も、これまで主に装飾芸術（つまり家具調度品）の分野においてなされてきました。もちろん、服飾における「ロココ趣味」つまり18世紀を懐古する好みについても、すでに研究者によって指摘されています[vi]。たとえば、『フランスの衣装』 *Le costume français*（1996年）では第二帝政期の解説の冒頭で次のように記しています。

> 早くもルイ・フィリップ治世の後半以降、18世紀の影響は、装飾芸術における、「ルイ15世様式」に触発された「ポンパドゥール様式」から、皇妃ウジェニーのマリー・アントワネットへの情熱によって「ルイ16世—皇妃様式」までを誕生させていた。この影響は服飾にも同様に現れ、ヴィンターハルターとドゥビュフェによって描かれた肖像画や、モード雑誌のファッション・プレートや、コント・カリクスト、ジュール・ダヴィド、エロイーズ・ルロワールやアナイス・トゥードゥーズのような素晴らしいイラストレーターの作品のおかげでその変遷を追うことができる[vii]。

第6章　ネオ・ロココのモード　　61

つまり装飾芸術にみられた影響と同様のことが服飾にみられたと述べているのです。しかし、概説書のなかでこのように指摘されることはあるものの、モードへの18世紀の影響については、いまだ明らかにされていない部分が多いようにも思われます。

そこで本章では、第二帝政期にみられたパリ・モードにおける18世紀の影響の具体的な実態について、同時代のモード雑誌 *La mode illustrée* を主な資料として、明らかにしたいと思います。*La mode illustrée* のなかでは、どのように、第二帝政期のモードとしての「ロココ趣味」が出現しているのかを考察します。具体的には *La mode illustrée* の1860年から1870年までのおよそ10年間をみてみます。なお本章では、19世紀にみられた18世紀に対しての憧憬や、前世紀を懐古し当時の造形の特色を模倣する好みを総括して、「ロココ趣味」と呼んでおくことにします。

✖ 2. *La mode illustrée* のモード欄の解説

毎週日曜日に刊行された *La mode illustrée* には、流行の服飾が非常に詳細な版画によって、毎号美しい視覚情報として紹介されていましたが、それだけではなく、毎号「mode」と題する欄が設けられており、そこにはそのときどきのモードに関しての詳細な解説文も掲載されていました。これは、編集者のエムリヌ・レイモン（Emmeline Raymond）による文章で、読者からの質問に答えるような形式で記されることもありましたが、編集者によるモード解説が展開されることのほうが多かったようです。このモード欄のなかで、この時期のパリ・モードが18世紀のモードの模倣の側面をもっていることが明言されている箇所をいくつもみることができます。たとえば、1868年10月11日号には舞踏会での装いについて以下のように記されています。

> 舞踏会の衣装について述べないわけにはいかない。［中略］私たちは、今後、この種の装いに、ルイ15世スタイルやルイ16世スタイルが優勢になることを見抜いている。私たちはこのモードに文句をつけることもできない。というのは、それ

62　　第Ⅱ部　アート

は、太り過ぎや痩せ過ぎを覆い隠すために作られたものでもあるから。[viii]

　そして雑誌に頻出するフラッドリー夫人のブティックでは、昨年（つまり1867年）と同様に、18世紀風の絹のドレスが既製服で85フランで売られている、ということも宣伝されていました。

　また、たとえばクリノリンについても、過去の時代のファウンデーションの再来であると指摘している箇所も見受けられます。1865年3月1日号における次の文章です。

　　モードは新しいものを何も作り出してはいない。［中略］私たちのアナロジーを思い出してみよう。クリノリンは決して近代の発明ではない。つまり、それは18世紀に現れていたし、17世紀や16世紀にさえ認めることができるのである。[ix]

　このように、La mode illustrée ではクリノリンの起源を17世紀や16世紀にもあると指摘していますが、ウジェニーの宮廷女官であったカレット夫人（Mme Carette, 1844?-19??）は回想録のなかで、クリノリンの発想源はルイ16世時代のパニエであるとしています。[x]

　したがって、La mode illustrée では、明らかに第二帝政期のパリ・モードに過去の要素、とりわけ18世紀の要素があることを認めているといえるでしょう。このような18世紀の模倣は、La mode illustrée はじめ、カレット夫人のような同時代人によって、十分に自覚的におこなわれていたということが理解できます。

✖ 3．アントワーヌ・ヴァトー関連服飾

　当時のモード雑誌も認めているように、この時期のパリ・モードは18世紀のモードの再来のような趣を呈していましたが、具体的にはどのような服飾が18世紀を思い起こさせるものとして取り上げられていたのでしょうか。次に、ロココ趣味の服飾として受け止めることができる事例をみていきたいと思いま

第6章　ネオ・ロココのモード　63

す。

　La mode illustrée のなかで、18世紀を模倣したモードとして取り上げられていたものには、いくつかの歴史上の人物などの固有名詞をともなったものが存在しています。たとえば、1863年3月23日号には「フィシュ・シュザンヌ（シュザンヌ風肩掛け）」、同年10月19日号には「マント・ポンパドゥール（ポンパドゥール風マント）」、1866年5月20日号には「シャポー・パメラ（パメラ帽）」や同年7月8日号には「シャポー・ランバル（ランバル帽）」また同年8月5日号には「ヴェール・ランバル（ランバル風ヴェール）」、1868年4月5日には「シャポー・ポンパドゥール（ポンパドゥール帽）」などという具合です。シュザンヌは、ボーマルシェの喜劇『フィガロの結婚』（1786年初演）のなかでの女主人公の名前であり、ポンパドゥールはルイ15世の愛妾のポンパドゥール夫人（Jeanne-Antoinette Poisson, marquise de Pompadour, 1721–1764）の名前、パメラはサミュエル・リチャードソン（Samuel Richardson, 1689–1761）の1740年に刊行された小説『パメラ』の主人公であり、ランバルはマリー・アントワネットの女官長を務めたランバル公妃マリー・テレーズ（Marie Thérèse Louise de Savoie-Carignan, Princesse de Lamballe, 1749–1792）のことをさしています。

　いっぽうで、18世紀ではなく中世・ルネサンス趣味的なもの、つまり言葉としては、「イザボー・ド・バヴィエール」（1863年2月2日号）や「メアリ・スチュアート」（1863年8月3日号）の名前がついた服飾や、「中世風袖」（1867年1月6日号）といったものの存在もみられます。そしてとりわけ髪型などには古代ギリシャを模した古典趣味的なものも雑誌には比較的多く散見されています。たとえば、1863年2月16日号、2月13日号には、2号続いて「コワフュール・グレック（ギリシャ風髪形）」（図6-1）1864年4月3日号には「コルサージュ・ア・ラ・グレック（ギリシャ風上衣）」という形で登場していました。

　このように第二帝政期のパリ・モードには、実はさまざまな要素が混在していました。同様の状況は装飾芸術にもみられたといわれており、そのことは「折衷主義」とも呼ばれています[xi]。

　しかし、それらのなかで繰り返し登場し、比較的長い間根強い人気を誇ったのが、18世紀絵画、ロココの巨匠アントワーヌ・ヴァトー（Antoine Watteau,

64　　第II部　アート

1684-1721) の名前を冠した服飾でした。たとえば、1861年1月26日号に子どもの仮装服として「コスチューム・ド・ペイザンヌ・ヴァトー（ヴァトーの田舎風衣装）」というものが掲載されたのをかわきりに、同年9月10日には「ペニョワール・ヴァトー（ヴァトー風化粧着）」、1866年10月28日号には「ローブ・ド・シャンブル・ヴァトー（ヴァトー風部屋着）」、1868年

図6-1 左が「古代の髪形」Coiffure antique と右が「現代の髪形」Coiffure moderne として対比されている。La mode illustrée, le 13 fevrier 1863（日本女子大学家政学部被服学科所蔵）

7月26日には「パルト・ヴァトー（ヴァトー風パルト）」、1869年1月24日には「コスチューム・ヴァトー（ヴァトー風衣装）」、同年2月4日号には「チュニック・ヴァトー（ヴァトー風チュニック）」という具合にさまざまな形で続出しているのです。

　これらのなかでもっとも多かったのは、部屋着の形態をとったものでした。上述のペニョワールも部屋着の一種で化粧着です。たとえば、ヴァトーの名前がついた部屋着とは次のようなものがあげられます。上述の1866年のもののほか、1869年3月21日号の表紙に掲載されたのが図6-2で、「ローブ・ド・シャンブル・ヴァトー（ヴァトー風部屋着）」となっています。

　これらは服飾史でよく知られる18世紀のヴァトー・プリーツ、つまりrobe volante や robe battante などと呼ばれたドレスを思い起こさせられるものになっていました（図6-3）。ヴァトー・プリーツも、元来部屋着から派生した服飾ですから、ヴァトーの名前を部屋着に用いているのは納得できます。さらに、実際にヴァ

図6-2 ヴァトー風部屋着。La mode illustrée, le 21 mars 1869（日本女子大学家政学部被服学科所蔵）

第6章　ネオ・ロココのモード　65

図6-3 アントワーヌ・ヴァトー、〈ジェルサンの看板〉(部分)(1720年、ベルリン、シャルロッテンブルク城)(出典：深井晃子監修『カラー版世界服飾史』美術出版社、1998年、p.86より)

図6-4 *La mode illustrée*, le 21 mars 1869 Robe de Chambre Sans Plis Watteau.

トー・プリーツ (pli Watteau) という言葉も、記事のなかには散見され、逆に1869年3月21日号には「ヴァトー・プリーツのない部屋着」と名付けられた部屋着さえみることができるのです (図6-4)。

　このように、18世紀のロココ美術を代表する雅宴画を描いていたアントワーヌ・ヴァトーの名前を使った服飾が存在し、比較的長い期間 (つまり1860年から1870年の10年間) 一定の流行を生んでいたことは、第二帝政期のモードの「ロココ趣味」の存在の証左といえる典型的な実例でしょう。画家アントワーヌ・ヴァトーは生前の18世紀にも新しいモードを生み、およそ150年後のパリにおいても、再びモードを生んでいたのでした。「流行は繰り返す」といいますが、そのように絵画のなかに描かれたモードが、長い時を超えて現実に蘇ることがあるのは、モードの面白い事実であると思います。

［注］
i 　エドモン・ド・ゴンクール、ジュール・ド・ゴンクール『ゴンクール兄弟の見た18世紀の女性』鈴木豊訳、平凡社、1994年、p.499。
ii 　拙稿、「第4章、エチケットで身をたてる、礼儀作法書にみる近世・近代フランスのモード」(『フランスモード史』所収) p.143。

iii ゴンクール兄弟による18世紀研究の主な著作は次の通り。『大革命下フランス社会史』（1854年）、『総裁政府下フランス社会史』（1855年）、『18世紀の新しい面影』（1858年）『ルイ15世の寵姫たち』（1860年）など。

iv Guy Cogeval, Yves Badetz, Paul Perrin et Marie-Paule Vial（sous la direction de）, *Spectaculaire Seconde Empire*, Paris, Musée d'Orsay,SKIRA, 2016 など。

v *Ibid.*, pp.136–147.；Henri Clouzot, *Le Style Louis-Philippe-Napoléon III*, Paris, Librairie Larousse, 1939.

vi Philippe Denis, «Le rôle de l'impératrice Eugénie dans le développement des arts décoratifs», Mémoire de la Maîtrise, Université du Québec à Montréal, 2012.

vii Jacques Ruppert, Madelaine Delpierre, Renée Davray-Piékolek, Pascale Gorguet-Ballesteros, *Le costume français, tout l'art Encyclopédie*, Paris, Flammarion, 1996, p.263.

viii *La mode illustrée*, le 11 octobre 1868.

ix *La mode illustrée*, le 1 er mars 1865.

x Henri Clouzot, *op.cit.*, pp.65–66.

xi Philippe Denis, *op.cit.*

xii *La mode illustrée*, le 21 mars 1869など。

第 7 章
展覧会から生まれた
マリー・アントワネット好み

　第6章でみたように、19世紀の人びとのアントワーヌ・ヴァトーへの関心は「ネオ・ロココ」のモードとして結実し、比較的長い間みられたものでした。第二帝政期の人びとが18世紀への憧れを抱いていたことがよくわかる実例でした。そして、ヴァトーに比べれば、短期間の一時的なものではありますが、この時期には、マリー・アントワネットに対しての憧れもモードのなかに現れてきます。それは、ある展覧会をきっかけにしたものでした。その内容について、本章では明らかにしたいと思います。

1．皇妃ウジェニーとパリ・モード

　マリー・アントワネット（Marie-Antoinette-Josèphe-Jeanne de Habsbourg-Lorraine d'Autriche, 1755–1793）は、国と時代を超えて、もっとも人気のある実在したお姫様のひとりではないかと思います。そのマリー・アントワネット人気はいつはじまったものでしょうか。おそらく、19世紀の初頭、アントワネットの死後まもなく、早くも彼女を神格化するような動きが出てきていました。また、服飾の話でいうと、マリー・アントワネットが好んでいたシュミーズ・ドレスは、彼女の死後に（意外とすぐに）流行もしていました。ですので、かなり早い時期に亡くなった王妃への憧れのようなものが、フランスには表れていたと思われますが、ここでは第二帝政期、つまり1850年代から70年ころにかけての時期に爆発的に生まれてきたマリー・アントワネット好みといってもよい現象についてお話をしようと思います。

第二帝政期はナポレオン3世による統治の時期であり、皇妃ウジェニーはいわゆるファッションリーダー的な存在でありました。まず、第二帝政期のパリ・モードに、皇帝ナポレオン3世妃ウジェニーの少なからぬ影響がみられたことについて簡単に述べておきたいと思います。

　服飾史のなかで、皇妃ウジェニーについて言及されるのは、多くはシャルル・フレデリック・ウォルトとの関係においてです。ウォルトはウジェニーの夜会服などをデザインすることによって、皇妃の庇護を受け、デザイナーとしての地位を確立したと解説されることが多いように思います。

　たしかに、ウジェニーは同時代において、一時的にファッションリーダー的存在になっていました。というのも、当時もっとも流行っていたモード雑誌 *La mode illustrée* を見ると、1860年代前半において、しばしば「ウジェニー Eugénie」の名前のついた服飾が見受けられるからです。たとえば、*La mode illustrée* の1863年10月26日号には「マント・ウジェニー」、1864年1月3日号には「フィシュ・ウジェニー」同年9月25日号には「パルト・ウジェニー」という具合です。フィシュは17世紀ごろから存在する女性が用いた肩掛けであり、パルトは19世紀の女性がよく身につけていた外套で、多くは既製服の形で売られていたものでした。

　また、皇妃だけではなく、1861年2月2日号では、ナポレオン3世夫妻が当時の最新のモードに身を包んでいる様子が、舞踏会を背景にして見開きのページで大きく描かれています。これは、当時、皇帝夫妻の写真や絵画が多く出回っていたこととも関係するのかもしれませんが、美しい皇妃の姿は、それだけで、新しいモードの牽引者として憧れの対象となる存在であったのでしょう。このように、歴代の皇妃や女王と同様皇妃ウジェニーも当時のパリ・モードにおいてたしかな影響力をもっていたと考えられます。

✖　2．ウジェニーのアントワネットへの憧れ

　また、皇妃ウジェニーは外国からフランスに嫁いだ「ロココの女王」マリー・アントワネットに、同じく外国からフランスに嫁いだ自身を重ね、異常な

までに心酔していました。そして、自ら彼女の遺品を集めたり、マリー・アントワネットの扮装をしてみたりしていたこともよく知られています[ii]。

19世紀半ばにヨーロッパの多くの王侯貴族の肖像画を残した画家ヴィンターハルター（Franz Xaver Winterhalter, 1805-1873）の絵画からもそのことはうかがい知ることができます。つまり彼は有名な〈侍女に囲まれたウジェニー皇妃の肖像〉（1855年）をはじめ、ウジェニーの姿を少なくとも9枚は描いており、1854年には18世紀の貴婦人の姿に仮装しているウジェニーの肖像画も描いています。図7-1がそれで、この肖像画は〈マリー・アントワネットの姿をした皇妃ウジェニー〉というタイトルがつけられたり[iii]、〈18世紀の衣装を身に着けた皇妃ウジェニー〉というタイトルがつけられることもあり、絵画のタイトルはその時々の解釈によって異なっているようです[iv]。しかし、所蔵元であるニューヨークのメトロポリタン美術館では、この肖像画のタイトルをシンプルに〈皇妃ウジェニー〉とのみ記しています。

いずれにしても、ウジェニーがマリー・アントワネットに思いを馳せながら、18世紀のドレス姿を楽しんでいたのはおそらくたしかなのでしょう。そして、ヴィンターハルターがこの肖像画を描くために撮らせたものとはいえ、肖像画と同じ格好をしたウジェニーの写真も、現存しているようです[v]。フランス史上最大の悲劇の王妃に心酔するそのようなウジェニーの様子は、同時代人の目からすると、すこし心配になる側面があったようですが、ウジェニーのマリー・アントワネットへの憧れは大変強いものであり続けました。

そのようなウジェニーの想いの結晶といってもよいのが、1867年のパリ万博（会期は4月1日から11月3日）の開幕[vi]

図7-1　フランツ・グザビエ・ヴィンターハルター、〈皇妃ウージェニー〉（1854年、ニューヨーク、メトロポリタン美術館）

70　第Ⅱ部　アート

と同時に開催されたマリー・アントワネットの展覧会でした。実はその前に、ウジェニーは荒れ果てたトリアノンの領地を蘇らせることを決め、庭園と製作所を修復し、想像しうる限り王妃が経験したものに近い状態の新しい家具などを入れて、プチ・トリアノンを在りし日の状態に復旧させていました。パリ万博とこの展覧会は見事に連動し、その結果、マリー・アントワネットの回顧展は大きな成功をおさめたのです。万博の出展者（団体を含む）数は延べ52,200にのぼり、来場者数は1,100万人から1,500万人にのぼったとされています[vii]。

　この皇妃ウジェニーのマリー・アントワネットへの強い憧れや、プチ・トリアノンでのマリー・アントワネット展の成功が、当時のモードに影響を与えたのではないか、と考えているのです。

✕　3．マリー・アントワネットの名前がついた服飾

　ロココ趣味と考えられる服飾には、第6章で示したようにアントワーヌ・ヴァトーに関連する服飾がありましたが、もうひとつの典型例としてマリー・アントワネットの名前が用いられている服飾の事例があげられます。そしてこれは、ヴァトー関連服飾とはちがって、一時的な熱狂的な流行であったように見受けられます。

　La mode illustrée において、マリー・アントワネットの名前を使った服飾が急増した時期は、1868年でした。この年にいたるまでは、マリー・アントワネットの名前をもつ服飾の事例は1年のうちに1件か2件くらいしかみられませんでした。しかし、1868年になってからは急に件数が増え、1年間でおよそ15件掲載されています。同じ号のなかに複数掲載されたり、ほぼ毎号のように続くときもありました。*La mode illustrée* に掲載される服飾に、このような固有名詞がつけられていることは実はかなり少ないといえます。多くは単なる robe や partot などの服飾用語で記されるのみなので、第6章のアントワーヌ・ヴァトーの名前や、マリー・アントワネットの名前がついているのは、とても目をひくのです。

　マリー・アントワネットの名前のついた服飾の初出は、1861年5月11日号

図7-2 Robe Marie-Antoinette, *La mode illustrée*, le 2 février 1868（日本女子大学家政学部被服学科所蔵）

図7-3 ローブ、1865年～1870年、フランス（ニューヨーク、メトロポリタン美術館）

の、花嫁の髪型の図のなかで、マリー・アントワネットの名前がついた「フリゼット」という髪飾りでした。その後、1863年3月23日号に文字のみの掲載ですが「フィシュ・マリー・アントワネット」、1864年5月1日号には「プリス・マリー・アントワネット」が型紙付きで登場し（Pelisseとはケープ状の上衣のこと）、1865年1月15日号には「コワフュール・マリー・アントワネット」という髪型が、当時大変な人気を誇った美容師クロワザ（M. Croisat）の考案のものとして登場しました。1868年以前のマリー・アントワネットの名前のついた服飾は上記の通りですが、それぞれが特に際立った流行を生んでいたかどうかはわかりません。

　しかし、1868年になると一変します。1868年のマリー・アントワネット関連服飾の最初のものは1868年2月2日号の表紙に描かれた「ローブ・マリー・アントワネット」です（図7-2）。表紙に使われたことから見ても、その注目度がうかがわれます。このローブはおそらく18世紀のローブ・ア・ラ・フランセーズを模したドレスであり、特に袖口のレース飾りを重ねたアンガジャントの様子は18世紀の袖の形状と同じ形になっています。ただし、1868年以前にもローブ・ア・ラ・フランセーズを模したローブは見られるものの、マリー・アントワネットの名前はつけられていません。つまり、すでに

存在していた18世紀風のドレスに、あらたにマリー・アントワネットの名前をつけたのではないかと考えることもできそうです。

ローブ・ア・ラ・フランセーズの特徴を模倣している19世紀後半の実物資料としては、ニューヨークのメトロポリタン美術館の衣装部が所蔵している図7-3があげられます。マリー・アントワネットの名前がついたものではありませんが、ドレスの形はスカート部分の開き方や重なり方の様子に、18世紀のドレス、つまりローブ・ア・ラ・フランセーズをほうふつとさせる特徴を見ることができます。

1868年2月2日号の「ローブ・マリー・アントリネット」の後、La mode illustrée では、この1年間に何度も繰り返しさまざまなマリー・アントワネットの名前がつい

図7-4　Coiffure Marie-Antoinette, La mode illustrée, le 2 février 1868（日本女子大学家政学部被服学科所蔵）

図7-5　Paletot Marie-Antoinette, La mode illustrée, le 4 mai 1868（日本女子大学家政学部被服学科所蔵）

図7-6　chapeau Marie-Antoinette, La mode illustrée, Le 26 avril 1868（日本女子大学家政学部被服学科所蔵）

第7章　展覧会から生まれたマリー・アントワネット好み

図7-7　Robe avec Mantelet Marie-Antoinette, *La mode illustrée*, Le 5 juillet 1868（日本女子大学家政学部被服学科所蔵）

図7-8　Fichu Marie-Antoinette, *La mode illustrée*, le 2 février 1868（日本女子大学家政学部被服学科所蔵）

たものが掲載されていました。たとえば、同じ2月2日号の「フィシュ・マリー・アントワネット」、同号には「コワフュール・マリー・アントワネット（マリー・アントワネット髪型）（図7-4）」、3月1日号と3月15日号にも「フィシュ・マリー・アントワネット」、4月5日号には「パルト・マリー・アントワネット（図7-5）」、同号で「シャポー・マリー・アントワネット（マリー・アントワネット帽）（図7-6）」、7月5日号には「ローブ・アベク・マントレ・マリー・アントワネット（マリー・アントワネット風マントレ付きドレス）（図7-7）」、さらに7月26日号にも「フィシュ・マリー・アントワネット」が登場するという具合です。

　もっとも多いのはフランス語ではFichuと呼ばれる「肩掛け」でした。同じ号に、複数の「フィシュ・マリー・アントワネット」が掲載されることもあり、たとえば、2月2日号には3図掲載されています。ひとつは図7-8のフィシュで、大人の女性用の「フィシュ・マリー・アントワネット」を右向きと

図 7−9　Corsage montant avec Fichu Marie-Antoinette pour petite fille de dix à douze ans, *La mode illustrée*, le 2 février 1868（日本女子大学家政学部被服学科所蔵）

図 7−10　Fichu Marie-Antoinette, *La mode illustrée*, le 1 er mars 1868（日本女子大学家政学部被服学科所蔵）

正面から描いたもの、図7−9は10歳から12歳くらいまでの少女用の「フィシュ・マリー・アントワネット」です。少女服としてもこのようなフィシュが用いられるほどの人気がうかがえるのです。

また、別の形状のものもあり、たとえば3月1日号では図7−10のようにかなり長めのフィシュ・マリー・アントワネットが掲載されており、これは前方で交差して背面でも軽く交差しリボンのように一重に結んでいるタイプのフィシュです。左図はデコルテが開いたタイプのフィシュで、右図は黒いレースのフィシュと説明がついています。黒いレースはおそらくシャンティ・レースで、皇妃ウジェニーがスペイン出身であることもあって流行したレースでした。

そして、このようなマリー・アントワネット関連服飾に関して、注目すべき点は、これらがほぼすべてコンフェクション（既製服）であったということです。

第7章　展覧会から生まれたマリー・アントワネット好み　　75

たとえば、1868年2月2日号掲載の図7-8のフィシュに関しては左の横向きの図に関して「Modèle de chez Mme Fladry, rue du Faubourg-Poissonniere, 22」と記してあり、右の正面図に関しては「Explication sur la planche de patron」と記してあります。これはつまり、左図に関しては「フォーブール・ポワソニエール通り22番地のフラッドリー夫人のブティックのモデル」ということであり、右図は「型紙に解説有」と記されているのです。したがって、このフィシュについてはその型紙も雑誌に折りこまれていました。同様に1868年4月5日号に掲載の「パルト・マリー・アントワネット」については、「confections de chez Mme Fladry」つまり当時大変人気のあったフラッドリー夫人のブティックで売られていた既製服であった、ということが明記されています。

　コンフェクションとして販売されていたこれらのマリー・アントワネット関連服飾は、おそらく多くの人びとにとって実際に手に取り身に着けやすいものでしょうから、広範に流布したものと想像できますし、同時に型紙も雑誌に折りこまれていたものですから、商品を買い求めることができなくとも、自分で仕立てたり、作ったりすることもできただろうと想像されます。1868年3月15日号の「フィシュ・マリー・アントワネット」のように、次号で型紙を折りこみ、そこで解説をおこなうことにする、とわざわざ記しているものさえ存在しています。毎週発行されていた雑誌であり、編集側に型紙と説明文を同時に載せる時間的余裕がなかったという理由もあったのかもしれません。

　このようなことから、マリー・アントワネットの名前をともなった服飾が1868年を中心に大変な流行を生んでいたのは確実なことと考えられるでしょう。

✄　4．1867年のプチ・トリアノンでの出展絵画におけるマリー・アントワネット

　以上のようなマリー・アントワネット関連服飾の流行の背景にあるのは、流行の前年である1867年に実施されたプチ・トリアノンでの展覧会であると思われます。本展覧会のカタログによると、144点の展示品があり、そのうち、9点

がマリー・アントワネットの肖像画でした。[viii]

　展覧会の展示は、まず入り口から入ってすぐの玄関の階段部からはじまり、その次に控えの間があり、そこに3点の大きなマリー・アントワネットの肖像画が展示されていたそうです。つまり、展覧会冒頭にある3点のマリー・アントワネットの肖像画はこの展覧会全体を印象づける重要な作品であったと思われます。この3点のマリー・アントワネットの肖像画は、2点がヴィジェ・ルブラン（Marie Élisabeth-Louise Vigée Le Brun, 1755-1842）によるもの、1点はヴァットムッレル（Adolf Urlik Wetmüller, 1751-1811）によるものでした。

図7-11　E. Bataille (d'après A.U.Wertmüler),〈Marie-Antoinette, Madame Royale et le Dauphin dans les jardins de Trianon〉(1867-1868, Versailles, musée nationale de château de Trianon)

　展示されたヴァットムッレルによる肖像画は〈トリアノン宮の庭にいるマリー・アントワネットとマダム・ロワイヤルと王太子〉（図7-11、ただし図7-12はヴァットムッレルの作品を模写したもの）であり、ヴィジェ・ルブランによる肖像画は1788年の〈マリー・アントワネットと子どもたち〉でした。これらはいずれも母子像として描かれた作品です。おそらく多くの人びとが想像していたかもしれない、流行に敏感で享楽的なマリー・アントワネットの姿ではなく、このような聖母子像にも重なるかのような肖像画に、19世紀の人びとは感銘を受けたのではないかと想像できます。[ix]

　そして、残る2枚目のヴィジェ・ルブランによるマリー・アントワネットの肖像画は、すこし確定するのが容易ではありません。というのも、展覧会カタログでは1786年のものとしか記されていないからなのです。可能性として考えられるのは、〈書を読むマリー・アントワネット妃〉（図7-12）で、この制作年に関しては、二通りの解釈が存在しています。ひとつは、1785年というもの、もうひとつは1778年というものです。1785年であれば展覧会カタログと1年違いではあるもののほぼ一致しますが、ヴィジェ・ルブランの作品目録（カ

第7章　展覧会から生まれたマリー・アントワネット好み　　77

図7-12 エリザヴェート・ルイーズ・ヴィジェ・ルブラン、「本を手にするマリー・アントワネット」1778年?（出典：『マリー・アントワネット、華麗な遺産がかたる王妃の生涯』p.148)

タログ・レゾネ）においては、1778年と記されています[x]。しかし、この作品は、実は1785年に制作されていたのですが、絵に制作年が記されておらず、後年になってから制作年が書き足され、そのときに誤って1778年としたのだという説も存在しています[xi]。その他にも1784年から1785年とする見解も見られるため、カタログに記されている制作年と1、2年違いではあるものの、3枚目のマリー・アントワネットの肖像画は〈書を読むマリー・アントワネット妃〉が該当すると推定することができるでしょう。

いずれにしてもこの3枚の肖像画をみると、白い肩掛けのフィシュをまとっているようにもみえます。1868年に流行するマリー・アントワネットのフィシュは、これらの肖像画のフィシュを模倣したのではないかとも考えられます。特に、単身像である「書を読む」絵は、カタログ・レゾネにおいても「フィシュを身に着けている」、と記されており[xii]、そのような意味でもこの肖像画が展示されたものと仮定するのが妥当であるように考えてみたくもなります。つまり、以上のような絵画に描かれているフィシュが、1868年の一連のマリー・アントワネットのフィシュの流行として出回ったのではないでしょうか。しかし、絵画のなかでマリ

図7-13 18世紀のフィシュを身につけた女性の姿（京都服飾文化研究財団の所蔵品に依る）

ー・アントワネットが実際に身につけているフィシュは、*La mode illustrée* のものとは形状が異なっています。つまり、*La mode illustrée* のものは、腰より下のあたりまで届く長さがあり、胸元のあたりで交差して身に着けているものであるからです。

しかし、実は18世紀後半のパリにおいて、このような長くて前面で交差をするタイプのフィシュは流行していました。たとえば、京都服飾文化研究財団にはその実物遺品が所蔵されています。京都服飾文化研究財団による解説では、「18世紀の女性の胸元を覆ったフィシュには、白い薄手の綿モスリンや麻に白糸刺繍をした簡素なものが多い。1780年代から次第に大型になり、本品のように前で交差させて背面で結ぶ方法が流行した[xiii]」と記されています（図7-13）。

図7-14　フィシュ、19世紀半ば、アメリカあるいはヨーロッパ（メトロポリタン美術館）

またヴェルサイユ宮殿所蔵の J.B モーゼ作〈Le princesse Adelaide d'orleans pregnant une lecons de harpe avec Mme de Genlis〉（vers 1789）の真ん中の皇女のフィシュも同様の交差したものです。服飾史家フランソワ・ブーシェによれば、これは「鞘型ローブ Robe Fourreau」と呼ばれたローブの一部で、子ども用のものであり、上半身を大きなリボンで交差して背中で結ぶことによって、コルセットもパニエもない衣服をしっかり固定させるためのものであったとのことでした[xiv]。

これと同じタイプのものが19世紀に流行したのではないかと考えられるのですが、実際に19世紀のフィシュで同様の形態のものも実存しています。ニューヨークのメトロポリタン美術館に所蔵されています。図7-14のものがそうです。

したがって、マリー・アントワネットが実際に身に着けていたフィシュと同じ形態かどうかはともかく、18世紀のフィシュを模倣したフィシュが、19世紀、

第7章　展覧会から生まれたマリー・アントワネット好み　　79

より詳細に言うならば1868年に流行していて、マリー・アントワネットの名前をつけられて出回っていたのでしょう。

5. コンフェクションであったアントワネット関連服飾

　以上のように、1867年のマリー・アントワネット展の後に、マリー・アントワネット関連服飾が際立って多くモード雑誌に掲載され、流行したことが明らかになりました。前年の1867年にはまったくマリー・アントワネット関連服飾はみられず、それ以前には時折散見される程度だったにもかかわらずです。1868年には圧倒的に掲載数が多く、1869年には沈静化しました。ゆえに、展覧会の影響は明らかにあると思われますし、マリー・アントワネット関連服飾の流行は主に1868年に固有のものであったと思われます。ただし、マリー・アントワネットの固有名詞がついた服飾の図像を検討すると、実際にマリー・アントワネットが身につけていた服飾と同じ型のものかどうかは、判然としないものがあり、むしろ18世紀の服飾を模倣した服飾品が、マリー・アントワネットの名前をともなって、雑誌に掲載されていたと考えるほうが適切であるようにも思われます。しかもそれらの型の服飾は1868年以前にも以後にも存在していました。さらに、18世紀に実在していない、19世紀ならではの服飾品（たとえばパルト）にも、当時注目を集めたマリー・アントワネットの呼称をつけることによって、商品価値を高める効果があったのではないかとも考えられます。いずれにせよ、それらのきっかけとして前年の展覧会の大きな成功があり、マリー・アントワネットが当時の人びとに憧れの気持ちを抱かせる存在になっていたことが、背景として存在していると考えられるのではないでしょうか。

　さらに指摘すべきことは、*La mode illustrée* に掲載されているということは、これらのロココ趣味の服飾、第6章のアントワーヌ・ヴァトー関連服飾も、マリー・アントワネット関連服飾も、その多くはコンフェクション、つまり既製服であったということです。具体的にはフラッドリー夫人のブティックやルーヴル百貨店のようなデパートなどの小売店で販売されており、手軽に入手できるものでした。そうでなくとも、型紙が掲載され作り方も詳述されてい

80　　第Ⅱ部　アート

ることがほとんどなので、読者が自分で作ることができたか、あるいは仕立て
屋で作ってもらうことが可能なものでありました。

　このことが意味しているのは、皇妃ウジェニーのマリー・アントワネットへ
の憧れは、一部の社会の上流階級だけのものにとどまったのではなく、中流階
級の手の届く趣味にまで浸透していたということになります。第二帝政期のロ
ココ趣味は、少なくとも中流階級以上が享受できるものであり、すなわち、デ
パートで買い物をしたり、雑誌を購入して裁縫することができる人たちにまで
浸透していたのでしょう。この点は注目すべきと思います。もちろん、それよ
り下の階層については、また別の資料で検討をしなくてはならないでしょう。

　以上のように、第二帝政期の服飾におけるロココ趣味の代表例は、第6章の
アントワーヌ・ヴァトーの名前がついた室内着を中心とする服飾と、とりわけ
マリー・アントワネット好みとして現れた各種の服飾でした。第二帝政期の人
びとは彼らの名前にこそ、失われてしまった古き良き18世紀フランス貴族の優
美な衣生活を思い起こすことができ、過ぎ去った遠い日々への憧れの思いを投
影させることができたのかもしれません。

［注］

i　ウジェニーとウォルトの関係に関する参考文献には、次のものがある。Edith Saunders, *The Age of Worth ; Couturier to the Empress Eugenie*, London, Longmans, 1954.

ii　Guy Cogeval, *op.cit.*, p.81. など。

iii　*Spectaculaire seconde Empire 1852–1870*, Beaux Arts éditions, Musée d'Orsay, 2016, p.24.

iv　*Franz Xaver Winterhalter, portraits de cour, entre faste et élégance*, Paris, Palais de Compiègne, 2016, p.160.

v　Plume d'Histoire, https://plume-dhistoire.fr/limperatrice-eugenie-et-les-arts-inspiration-marie-antoinette/（2017年8月28日22時37分検索）参照。

vi　窪田般彌『皇妃ウジェニー、第2帝政の栄光と没落』白水社、1991年、pp.92–93.

vii　フランス国立文書館（Archives nationale）による、*Exposition universelle de 1867 à Paris, Documents iconographiques sous-sérieF/12*に記されている数値である。

viii　M.De Lescure, *Les Palais de Trianon, Histoire-Description catalogue des objets exposés sous les auspices de sa Majesté L'impératrice*, Paris, Henri Plon, 1867より。

ix　マリー・アントワネットを聖母マリアのように崇める風潮は、王政復古後、早くからみられたものである。『ヴェルサイユ宮殿監修、マリー・アントワネット展―美術品が語るフランス王妃の真

実』美術出版社、2016年、pp.211-215。

x　*Vigée Lebrun, 1755–1842, Her Life, Works, and Friendships: With a Catalogue Raisonné of the Artist's Pictures, William Henry Helm and Louise-Elisabeth Vigée Lebrun*, Memphis, USA, 2012, p.89

xi　Joseph Baillio, Katharine Baetjer, Paul Lang, *Vigée Le Brun*, N.Y., the Metropolitan Museum of Art, 2016, p.8. および Elisabeth Louise Vigée Lebrun 1785–1842のホームページによる解説を参照。http://www.batguano.com/vigeemagallery.html（2017年 8 月28日10時32分検索）

xii　*Vigée Lebrun, 1755–1842, op.cit.,* p.89.

xiii　深井晃子監修『京都服飾文化研究財団コレクション　ファッション―18世紀から現代まで』TASCHEN、2002年、p.88。

xiv　François Boucher, *Histoire du costume en Occident*, (1965), Paris, Flammarion, 1996. p.276.

第Ⅲ部
メディア

いつの時代もファッションはメディアを通して
広まってきた。
インターネットやSNSやInstagramがなかった時代においても、
いつでも、そうであった。
ファッションとメディアは、常に連携している。
メディアの移り変わりとファッションが
いかなる関係を結んでいたのか、
雑誌の黄金時代である19世紀を中心に考えてみよう。

第 8 章
モード雑誌と礼儀作法書

　第8章からはメディアと服飾との関係について考えていくことにします。まず、本書で繰り返し登場している、礼儀作法書とそれぞれの時代のモード雑誌がどのような関係にあったのか、述べておきたいと思います。最初にモード雑誌と作法書の歴史を概観します。これらを整理しておくと、あらためてメディアと共にあるモードがどのような社会的・文化的意味を担っているのか、みえてくるかもしれません。

1. モード雑誌の歴史

　高度に情報化した現代は、インターネットによる情報はもちろん、YouTube、Instagram など豊富な SNS（ソーシャル・ネットワーク・サーヴィス）によって、世界のどこにいても、最新のファッション情報を得ることができるようになりました。世界4大コレクションのひとつであるパリ・コレでさえ、瞬時に YouTube にアップされるので、情報源であるコレクションそのものに、日本にいながらにして誰もがアクセスできるような時代になりました。つまり、ファッション・エディターによって編集された紙媒体のファッション誌は、まるで二次的な情報になってしまったかのようにもみえます。とはいえ、その編集されている編集者の視点自体に、それぞれの雑誌メディアの個性や面白さは発揮されているのであり、そのことから素の情報をみるだけではわからないことや伝わらないことも理解できたり、擬似体験できたりもするでしょうから、やはり紙媒体の雑誌の面白さに今もなお魅了され、こだわり続ける人は少なくないと思います。このように、ある意味雑誌の岐路、あるいはメディア

の岐路に立っている時代を迎えている現代ではありますが、そもそも、ファッション誌、モード雑誌は、いったいいつどのような形ではじまったのでしょうか。

　ここでは、話をわかりやすくするために、フランスのモード雑誌を中心に述べていくことにします。フランスにおいて、モード雑誌のはじまりは、1672年に刊行され1710年まで続いた *Mercure Galant* である、といわれています。この雑誌は、17世紀ルイ14世の時代のヴェルサイユにおける宮廷の情報をさまざまに記載した情報誌でした。そのなかに、全体のページ数からみれば、ほんの１パーセントにも満たないくらいの文章量で、モードに関する記事が掲載されているのでした。とはいえ、そのような文章量であったとしても、ヴェルサイユの宮廷で流行している服飾情報を広める役割をもっていたことから、この冊子がモード雑誌のはじまりである、といわれているのです。しかし、そのわずかな服飾情報も図版はほとんどなく、ほぼ文字だけで宮廷で流行している衣服について綴ってありました。*Mercure Galant* の内容は、たとえば外交にかかわる時事問題や宮廷社交界における情報、場合によってはフランス内外の王家やその周辺の貴族たちに関する冠婚葬祭の情報、演劇や文学や詩などの文芸にかかわる情報などが掲載されていて、まさしく宮廷に関する総合的な情報誌になっています。このような雑誌の性格は、その後現代まで続くモード雑誌の内容構成にも、すくなからず影響を与えている部分があるように思われます。

　その後、モード雑誌というよりはファッション・プレート集といった方が正確かもしれない *Galerie des modes et costumes français*（1778年）という刊行物が出てきました。これは不定期に刊行され、ファッション・プレートをおよそ６枚ずつ、３葉の紙で１冊の冊子にしていました。これもやはり宮廷での流行を伝えるもので、1778年の創刊号では当時のファッション・リーダーでもあった王妃マリー・アントワネットの姿がファッション・プレートに描かれていたりします。しかも、はじめて手彩色のプレート集であったことも、新しい試みとみることができます。さらにこのファッション・プレート集は、当時大変流行していた貴婦人の髪型について主に伝えるものであったことも特徴といえるでしょう。

第8章　モード雑誌と礼儀作法書　　85

その後19世紀になると、1829年に *La mode*（1829-62）というモード雑誌が誕生します。これは当時「新聞王」と呼ばれたエミール・ド・ジラルダンによるものでした。19世紀は「雑誌の世紀」ともいわれるほど、多くの出版物が誕生した時代でした。そのような時代に、モード雑誌も氾濫しているといってよいほど多くのタイトルが誕生していました。*La mode* は、当時の人気イラストレーターだったガヴァルニやランテによる彩色のプレートがとても美しく、今でもコレクターに人気のあるプレートが多数残っています。そして、この雑誌が有名になったのは、19世紀を代表する作家バルザックやジョルジュ・サンドが寄稿していたことも、その理由のひとつになっています。さらに、これまでになかった試みとして、ファッション・プレートに描かれている服飾に関して、それがどこで入手できるものなのか、商店名を実名であげたり、商店の住所まで記載していることなどがありました。

　さらに時代が進んで、*La mode illustrée*（1860-1937）というモード雑誌は、ファッション誌のビジュアル化に大きく貢献しました。37×26センチの大型版で、ページ数は8ページから10ページほどでしたが、ちょうど新聞くらいの大きさと文章量で、しかも、毎週日曜日に刊行される週刊誌でした。内容的には、「婦人総合誌」というのがふさわしく、料理、礼儀作法、裁縫、衣服のパターン、連載小説など、女性の生活を彩るさまざまな事柄や、女性の関心を引くような記事が多数掲載されていました。どのページにも、大きくわかりやすい図版が掲載され、それらの版画はエロイーズ・ルロワール、コラン姉妹らの女性イラストレーターによるものでした。

　ちょうど同じころに、21世紀の現代においても刊行され続け、ファッション誌の代名詞にもなっている *Vogue* や *Harper's bazaar* も誕生しました。*Harper's bazaar* は1867年に、*Vogue* は1892年に、それぞれアメリカで刊行されます。大変息の長い雑誌です。*Vogue* は、主に社交界の情報誌として誕生しましたが、しだいにファッション誌へと変貌を遂げていき、その背景にはパリ・オートクチュール組合との協力関係があったといわれています。

　すでに19世紀後半には写真技術も生まれていましたが、20世紀の初頭にはファッション・プレートの最後のきらめきを見ることができました。1910年代か

ら1920年代は、もっともファッション・プレートが美しかった時代、と言うことができるような雑誌が複数登場します。そのひとつが *Gazette du bon ton* (1912-1925) で、リュシアン・ヴォージェルによるものでした。色彩も鮮やかで美しいファッション・プレートは、ポショワールという技法による版画で描かれました。服飾図版だけでなく、本文のデザインや字体などにも装飾を多用しています。これらの雑誌で活躍したジョルジュ・ルパップやジョルジュ・バルビエなどイラストレーターは、1920年代、つまりアール・デコの時代を代表するファッション・イラストレーターとして後世にも名を残しました。また同時期の雑誌、*Art goût beauté* (1921-1933) もその美しさで大変人気を誇りました。この雑誌のデザインは日本の女性誌である『婦人グラフ』のひな形になったものでもあります。

　そして、このような女性向けのモード雑誌として、はじめて写真を採用したのはフランスの *Femina* (1901-) でした。主に上層ブルジョワ女性の生活が描かれたもので、ファッション写真のモデルには女優を多用し、華やかな女性の社交生活をうかがい知ることができます。

　以上のようなモード雑誌の歴史の上に、現在流布しているモード雑誌、ファッション誌は存在しているのです。

✳ 　2．礼儀作法書の歴史

　いっぽう、服装はモードにしたがったものを身につけるだけでなく、昔も今も、服装のコード、つまりドレス・コードにしたがって身につけている部分も多いと思います。ドレス・コードとまで言わなくても、なんらかの服装の規範が私たちの社会にはたしかに存在していて、言葉で表さなくても社会に容認されていると思われる衣服を私たちは身につけている、というのが現実でしょう。あるいは、あえて社会に容認されていないものを、勇気を出して身につける、ということも、すこし鋭い感性の持ち主として、そしておしゃれな人として認められるようなこともあるかもしれません。このように、ファッションは、礼儀作法というものと切っても切れない関係に長い間あり続けてきたと考

えられます。それでは、礼儀作法書、マナー・ブック、あるいはエチケット・ブックというものは、いつ誕生したのでしょうか。そしてどのような歴史をたどってきたのでしょうか。

　西洋においては、礼儀作法書のブームが何度か起きていました。最初の礼儀作法書ブームはおそらく17世紀と思われます。17世紀のフランスは絶対王政が確立していく時期で、ヨーロッパ全体としても、いずれの国も宮廷をもっている時代でした。そもそも、最初の礼儀作法書として知られているのが、16世紀にイタリアで刊行されたカスティリオーネの『宮廷人』(1528年) という作品です。これは、宮廷人たるもの、どのような心得で生活をしたらよいか、どのような立ち居振る舞いをするべきなのかを論じた、非常に分厚い書物です。この本がヨーロッパ中で翻訳されて大変なブームになり、また『宮廷人』を模した形の作法書が次々と刊行されていくようになっていきました。

　そのフランスにおける最初の作法書で有名なものは『オネットム、宮廷で気に入られる術』(1630年) というものです。オネットムというのは当時のフランスにおける理想的な紳士像を指しています。この本をかわきりに、さまざまな宮廷における処世術を教えるような、処世術として重要である話し方や立ち居振る舞いや服装のありかたなどを教える書物が続々と現れてきました。そして、17世紀には最初の礼儀作法書ブームが起きたのでした。つまり17世紀は宮廷社会が確立し、そこで生きていくエリートの男性たちというのが生まれ、彼らのための作法書というものが必要になったということもできます。そして面白いことにこれらの作法書には多くの場合礼儀作法にかなった装いをしたいのであれば、まずはモードにしたがうべきだ、ということが記されていくようになりました。礼儀作法書の最初のブームは、作法書とモードの近接がみられる、最初の現象でもあったのです。そして最初の作法書ブームは、主に男性向けのものであったことも指摘しておきたいと思います。

　18世紀にも作法書は刊行されましたが、多くは17世紀の内容を踏襲しているものでした。また、礼儀作法とモードとの関係について述べておくならば、18世紀にはその関係が離れていった時代であったように思います。つまり、当時のモードは女性が中心になりすこし規範を逸脱したような服装が流行していた

88　　第III部　メディア

からで、作法とモードが乖離していったことがうかがえます。ここに、すでに述べたように、モードが今日的な意味をもったということ、つまりモードがまさしく移ろいの激しい「ファッション」になったということもできるかと思います[v]。

　そのような礼儀作法から逸脱したモードの時代を経て、またフランス革命という大きな歴史的転換を経て19世紀後半になると、今度は女性向けの家庭的な礼儀作法書が生まれてきました。強固な宮廷文化というものが崩壊し、新しいブルジョワの時代を迎えて、立身出世のための礼儀作法というよりは、女性が家庭のなかでどのように生きていくのか、素晴らしい夫をみつけるためにはどのような女性になったらよいのか、立ち居振る舞いはどうしたらよいのか、といったことを、礼儀作法書が教えるようになっていくのです。いわば、19世紀後半の女性向け作法書は、女子教育のための、女性のための本という形をとっていたように思います。それらのなかに、淑女としての女性のふるまいから装いまで事細かに記されるようになりました。当時の女性の理想的な生活そのものと結びついた礼儀作法書は、女性の衣生活にも影響を及ぼすものになりました。そして、19世紀には、もう一度、礼儀作法とモードは近接した関係になったと考えられるのです。

✖ 3．モード雑誌と礼儀作法書

　このように礼儀作法とモードとは、長い歴史のなかでも近づいたり離れたりしてきたのですが、特に19世紀の女性のための礼儀作法とモードは近しい関係にあったことは特筆すべきことではないかと思います。そこで、第3部はこの両者の関係をみていきたいと思います。

　すでに述べたように、19世紀、つまり西洋近代は識字率の向上や印刷技術の発展にともない、雑誌や新聞などの定期刊行物の発行が相次いだため、「雑誌の世紀」と称されました[vi]。特にフランスにおいては、女性向けのモード雑誌の大衆化が進み、およそ100種類近くのタイトルが生まれては消え、消えては生まれることを繰り返していました。これらの多くには、最先端の服飾流行を伝

える版画が含まれており、それが当時の量産されたモード雑誌の特徴でもありました。いっぽう、19世紀にはすでに述べたように女性向けの礼儀作法書の出版も相次ぎました。そして19世紀後期にはそれらはもっぱら女子教育書ともいうべき特質をもち、さまざまな女性規範を記すものとなっていました。

　以上のことからも推察できるように、19世紀のモード雑誌と当時の女性向け礼儀作法書の言説には多くの類似点がみられることもわかっています。とりわけ女性のライフステージにおける冠婚葬祭などのエチケットや社交界におけるエチケットがその例としてあげられます。おそらく、当時の女子教育のなかで重視された礼儀作法は、礼儀作法書とファッション・プレートを含むモード雑誌という、女性にとってもっとも身近なふたつの媒体によって、「言葉」と「ビジュアル」の相乗効果で女性の生活に浸透し、身につけられたものだったのではないかと考えられます。

　そこで第3部の以下の章では、19世紀のモード雑誌と女性向けの礼儀作法書に焦点を当てて、比較検討をおこないたいと思います。ここでとりあげるのは、19世紀の代表的なモード雑誌『ラ・モード・イリュストレ』 *La mode illustrée*（1860年創刊）です。その発行部数は多いときには10万部にも達していたといわれ、刊行年数の長さからいっても、ベストセラー誌でありました。同誌は先にも述べましたが、大判で、製版技術の進展により可能となった精細な図版をページ全体に大きく配置し、豊かな視覚情報を提供していました。このように大きく配置される図版だけでなく、通常2葉の手彩色の美しい服飾版画（通称ファッション・プレート）が雑誌にはさまれていることも、同誌の評判の高さの理由になっていたようです。このような点から『ラ・モード・イリュストレ』は、その後の図版や写真を大きく見せるモード雑誌の先駆けになったともいわれ、フランスだけではなくイギリスにおいても刊行されるほど広範囲の影響力をもっていました。さらに『ラ・モード・イリュストレ』には、版画として掲載された最新の装いを家庭裁縫や仕立屋で作ることができるよう、衣服の型紙も付録として収録されていました。このように『ラ・モード・イリュストレ』は、読者にとって最新のパリ・モードが、満載された美しい視覚情報と実用的な型紙をともなって生き生きと伝わってくるモード雑誌であるとともに、

彼女たちの衣生活を中心とする生活全般における指針を示してくれる雑誌であったと考えられます。毎週日曜日に刊行され、多くの女性たちが、週末に届く『ラ・モード・イリュストレ』を楽しみにしていたであろうことは容易に想像できると思います。[xii]

そして、比較対象として取り上げる作法書は、19世紀フランスにおいて非常に多く出版された女性向け礼儀作法書のうち、特に初版から10年余りの間に131版も再版されたベストセラー礼儀作法書であるスタッフ夫人の『社交界の慣習』*Usages du monde*（1889年初版）[xiii]です。スタッフ夫人はこの作品以外にも数多くの作法書やモードにかかわる書物を出版しており、それらのほぼすべてがベストセラーになっています。つまりエチケットや服飾に関しての19世紀後半以降のカリスマのような女性でした。

そこで、第9章以降は、『ラ・モード・イリュストレ』と、スタッフ夫人の作法書との比較検討をおこない、モード雑誌と礼儀作法書の言説と図像が女性の生活のなかでどのような意味をもっていたのかを考察したいと思います。作法書の言説と、モード雑誌に書かれた言説と版画やファッション・プレートを比較し、その相互連関について明らかにしていきます。

［注］

i　小池しずか「17世紀末フランス宮廷男子服飾における chamarrer— Mercure Galant を中心に—」日本女子大学大学院2015年度修士論文。

ii　ポショワールとはステンシルと似た版画の技法である。

iii　松田祐子、前掲書。佐藤恭子「20世紀初頭モードの転換期における女性観の変容—東洋趣味モードの影響に関する一考察—」日本女子大学大学院2018年度博士学位論文。山口永莉華「20世紀初頭の Femina にみられる modern femininity—女性の帽子を中心に—」日本女子大学大学院2018年度修士論文。

iv　前掲拙稿『フランスモード史』pp.149–151。

v　同書、p.177。

vi　Christophe Charle, *Le siècle de la Presse, 1830–1939*, Paris, Seuil, 2004.

vii　『フランスモード史』pp.144–146.

viii　同書、第4章、pp.137–180.

ix　松田祐子、前掲書、p.23。

x　これらの美しいファッション・プレートは「モード画家三姉妹」と呼ばれたエロイーズ・ルロワ、

アナイス・トゥードゥーズ、ロール・ノエルが手がけたものである。すでに述べたように価格帯の幅があったため、より広範囲の社会階層の女性たちに講読されていた。

xi パリでは、Firmin-Didot 社が扱い、ロンドンでは Asher 社が出版していた。たとえば次のような書籍も複数見られる。Joanne Olian (edited by), *Victorian and Edwardian Fashions from La Mode Illustrée,* New York, Dover Publications, 1998.

xii 当時のモード雑誌は、週刊のもの、隔週刊のもの（つまり1日号と15日号の形で出版されるもの）、月刊のもの、季刊のものなど、さまざまな出版形態を取っていた。

xiii Baronne Staffe, *Usages du monde, Règles du savoir-vivre dans la société moderne,* (1889), Tallandier, Paris, 2007.　この作法書は38万部売れたともいわれている。

第 9 章
モードになった花嫁衣裳

> 19世紀における、礼儀作法書というメディアと、モード雑誌というメディアの双方に現れたのは、女性の冠婚葬祭にまつわる規範でした。それぞれが、それぞれのメディアの性質に沿った規範の紹介の仕方をしており、それらによる相乗効果で、女性の生活に影響を及ぼしていたものと思われます。そこで、作法書の「言葉」と、モード雑誌の「ビジュアル」がどのように響きあっていたのか、まずは花嫁衣裳を取り上げてみていくことにしましょう。

1．礼儀作法書とモード雑誌の類似点

　第8章で述べたように、礼儀作法書における言説とモード雑誌の言説には多くの類似点がみられます。なかでも、冠婚葬祭などのエチケットにおいて顕著に見受けられるため、「花嫁衣裳」と「喪服」にかかわる記事について重点的に調査をおこないました。礼儀作法書の最初の黄金期である17世紀から18世紀の作法書において、「花嫁衣裳」や「喪服」が誌面で扱われることはほとんどなく、19世紀後半に増加した女性向け作法書が誕生してから、これらの冠婚葬祭の服装規範について、作法書で記されるようになっていきました。また、同じように、同時期のモード雑誌にもこれら冠婚葬祭の記事と図版およびファッション・プレートがみられるようになりました。それは、おそらく18世紀までのモード雑誌が社交界の花形である「貴婦人（Dame）」向けのものであったのに対し、19世紀のモード雑誌が、よりドメスティックな内容になり、「主婦（Femme）」向けのものに変容したことと関係があるのではないかと思います。

　本章では、今回調査したもののうち、スタッフ夫人の礼儀作法書『社交界の

93

慣習』（初版1893年）と、その出版前後に刊行された『ラ・モード・イリュスト
レ』にみられる「花嫁衣装」にかかわる内容（記事と図版）について、言葉と図
像を突き合わせて比較しながらみていくことにします。

✻ 2．スタッフ夫人の作法書にみられる「花嫁衣装」の言説

　スタッフ夫人の作法書には、たとえば、「子どもの誕生」「洗礼」「はじめて
の聖体拝領」「教員との関係」「結婚」「訪問」「会話」「晩餐」「舞踏会」「使用
人との関係」「訪問のためのカード」「手紙」「贈り物」「若い娘」「招待を受け
たときの返信」「葬儀」「服喪」などといった女性の人生の折々に関する事柄に
ついて、事細かにマナーが記されています。これらをさらに細かくみると、ス
タッフ夫人の作法書における「結婚」の章では、次のような項目が並んでお
り、それぞれのシチュエーションにおいて、どのようなマナーが求められるの
か詳述されています。まず「事前の交渉について」「結婚の申し込み」「婚約」
「（婚約時に男性が女性に贈る）花籠、結婚の契約」「結婚の法的、宗教的手続きに
ついて」「民法上の結婚式」「宗教上の結婚式」「結婚披露宴」「新郎新婦の付き
添いの役割」「結婚の際の男性の服装」「結婚後」「再婚」「年配女性の結婚」
「銀婚式」「金婚式」です。つまり、結婚の事前段階から結婚式、そして、その
後のことに至るまで、全般的なマナーが記されているといえるでしょう。これ
らの項目のなかで「花嫁衣装」について言及があるのは、主に
「民法上の結婚式」と「宗教上の結婚式」においてです。たとえば、「宗教上の
結婚式」の装いについては次のように記されました。

　　新婦は比較的簡素な衣装を身につける。われわれの浅見では、ダイアモンドを身
　　につけるのはやりすぎであり、同様に、豊かで重みのあるレースも避けたほうが
　　よいだろう。新婦の装いは処女らしく、豪華であってはならない。冬季は長い襞
　　のついたサテンのドレス。夏季には、やわらかで光沢のあるインド・モスリンの
　　軽やかな毛織物。オレンジの花が芳香を放っている花冠には、ミルテの花と白い
　　バラの花を加えるのがよい。これこそヴェールの雲の下にある、もっとも愛らし

94　　第III部　メディア

い飾りではないか？さらに、花嫁の首もとには一本の真珠の首飾りを加えよう。アランソン・レースとイギリス・レースと同様に、きらめく白い宝石がしばしば新郎新婦を飾り、夫の紋章と新婦の紋章が結ばれてヴェールの隅に刺繍されていることがあるが、私たちの感覚では、これは正しいエレガンスではないと思う。新郎はアビ（18世紀以来の男性の宮廷衣装である上着。19世紀にも正装として用いた。）か、もし軍人であるなら上等の軍服を身につけるのがよい。[ii]

　いっぽう「民法上の結婚式」では、女性は「エレガントではあるが、彼女の婚礼衣装のうちの、簡素な町着を身につける」と説明されており、男性は単に「アビを身につける」とのみ記されています。[iii]

　「宗教上の結婚式」のほうが「民法上の結婚式」より、いくぶん華やいだ装いですが、あまりに華美なものは結婚式にはふさわしくない、と考えられたようです。なぜなら新婦には、「処女性」が重要であったからなのでしょう。このように「処女らしく、豪華であってはならない」など、ドレスの表現はやや抽象的な表現に留まっており、スタッフ夫人によれば、婚礼衣装の色は白色と決まっているわけでもなく、基本は「娘らしい簡素な優雅さ」が求められていました。

　スタッフ夫人の作法書よりすこし後に出版され、やはりベストセラーとなっていたドルヴァル夫人の『社交界の慣習』*Usages mondains*（1900年）でも、「結婚」に関しては非常に多くのページが割かれており、最初の1ページ目から92ページまでに及んでいます。[iv]そのなかには、花嫁衣装はもちろん、新郎の衣装、親族の衣装についても詳しく解説されています。ここでは詳述しませんが、花嫁衣装について「結婚当日の衣装はすべて白色でなければならない」と明記されていることだけ、述べておきましょう。[v]礼儀作法書のなかで「結婚」に関する作法が最重要視されていることは、依然として変わっていません。なぜなら、当時の女性にとって、生きていくために結婚は不可欠といっていいほど、大事なことだったからです。

3．『ラ・モード・イリュストレ』にみられる「花嫁衣裳」について

いっぽうモード雑誌である『ラ・モード・イリュストレ』ではどのように「花嫁衣裳」について記載されていたでしょうか。スタッフ夫人の作法書の出版年である1889年前後の『ラ・モード・イリュストレ』を2年分（日本女子大学所蔵の1887年と1891年）みてみると、以下の通りです。花嫁衣裳はしばしば取り上げられ、記事とそれに相当する版画が掲載されています。

まず1887年においては、1月2日号、4月3日号、6月5日号、12月4日号に花嫁衣裳についての記事と版画が見られ、12月11日号には花嫁に付き添う若い女性（demoiselles d'honneur）の装いについて解説が記されています。同年4月3日号では、「（服装の）新奇さは、初聖体拝領の服装と喪服、花嫁衣裳においては抑えられている」と記されており、この3種の衣服には控えめな服装であることをモード雑誌においても求めていることがわかります。つまり、この

図9-1　花嫁衣裳、La mode illustrée, le 5 juin 1887 表紙（日本女子大学家政学部被服学科所蔵）

文言は、スタッフ夫人の作法書のなかで、花嫁衣裳が「華美であってはならない」としていた内容と一致しているように思われます。同年12月18日号では、「パリの結婚における慣習と衣装」というタイトルが付けられており、「結婚式にいくらかかるのかという質問がよく寄せられているが、簡単に答えられるものではない」とか、「パリのほぼすべてのデパートで既製服の花嫁衣裳が売られている」とか、新郎が新婦に贈る「花籠」（コルベイユ）の詳細や、結婚式の一日の流れについて詳述されています。また、6月5日号と12月4日号は、表紙に花嫁衣裳を着たモデルが描かれ

ています。図9−1はこの6月5日号の表紙ですが、同じページから次のペー
ジにかけて、描かれている花嫁衣装の解説が以下のように記されています（図
9−1の左から2番目と3番目の人物の花嫁衣装から説明されています。つまり以下のNo.2
とNo.3です）。

　　No.2　花嫁衣装──　アランソン・レースの飾りがついた、〈銀〉という名の白
　　サテンのドレス。スカート部分は無地で、白サテンでできており、非常に長く襞
　　のあるドレーパリーが片方に寄せられている。スカートのもう片方は布が平らな
　　ままになっている。右側にはサテンの長いトレーンをひいている。ボディスはサ
　　テンでできており、白い絹のガーゼ地で襞のあるフィシュがついている。貝殻状
　　の襞とギャザーを寄せた白いレースが飾られている。ドレスとボディスは、オレ
　　ンジの花の形をした留め金で飾られている。
　　No.3　花嫁衣装──　スカートの前面は少し襞の寄ったエプロンの形になってい
　　て、白い絹のガーゼ地でできている。非常に長いトレーンは、胴部から大きな襞
　　ができており、白い絹の紋ビロードでできている。ボディスも絹の紋ビロードで
　　作られ、絹の白いガーゼ地でできた前面の部分が左右に開いて襞が寄せられてい
　　る。袖の折り返し部は絹のガーゼ地。ボディスとエプロンはオレンジの花房で飾
　　られている。[vi]

　またこの2体の花嫁衣装の図には、下部に、「リシェル通り43番地、クシネ
夫人のブティックのモデル」と記されており、[vii]読者にとって便利な、入手先情
報が明記されていました。
　1891年においては、1月25日号、3月22日号、3月29日号、5月3日号、8
月16日号、9月20日号、10月18日号において、花嫁衣装の記事あるいは版画が
掲載されています。なかでも、3月29日号と、9月20日号、10月18日号は大変
詳細で、2ページにわたって、花嫁衣装と結婚式での親族の衣装について解説
されています。同年3月29日号や9月20日号では、当雑誌の編集者であるエム
リヌ・レイモンが、毎号時節にふさわしいモード論を執筆している「モード
欄」において、結婚式に列席するすべての人の衣装について、非常に詳細なア
ドバイスを記しています。たとえば3月29日号では季節ごとの花嫁衣装の布地

のアドバイスをはじめ、特に好ましいと思われる花嫁衣装の例がふたつあげられて詳細が記され、花嫁の母や花婿の母をはじめ、付き添いの若い女性や列席する家族全員の衣服についても細かな説明がおこなわれています。9月20日号の「モード欄」もほぼ同様ですが、たとえばそこでは花嫁衣装について次のように記されています。

花嫁衣装　非常に長いトレーンをひいた白いサテンのドレス。スカートの前面には絹モスリンのフリルがつき、オレンジの花のブーケで持ちあげられている。上衣の全面はドレープのある帯で一体化している。襟はまっすぐ高く立ち上がっている。袖は上部が膨らんでいる。右肩から下がるオレンジの花の花綱は左腕の上でとまっている。イギリス・レースのヴェールは後ろにまとめられ、顔全体はみえるようになっていて、オレンジの花の髪飾りで留められている。手袋は白い鹿革。昼間用の絹くつした。靴は白いサテンのパンプスである。[viii]

図9-2　「結婚の装い」のページの一部、La mode illustrée, le 25 Janvier 1891（日本女子大学家政学部被服学科所蔵）

つまり、「モード欄」にしろ雑誌の表紙に扱われるにしろ、衣装の細かな情報は同様に詳述されるものでした。

図9-2は1891年1月25日号のものです。この号では結婚に関する記事と図版が2ページにわたって見開きで掲載され、「結婚の装い」というタイトルの特集で大きく扱われており、図9-2はその一部になります。この2体の花嫁衣装の周辺には、付き添いの若い女性や、花嫁の母親の装いについても図解されており、それらの解説は、すべて図の番号にあわせて次のページに別途記載

98　第Ⅲ部　メディア

される形になっています。

　上記の1891年9月20日号の記述と、先に引用した1887年6月5日号の花嫁衣装を比べ、また図9-1と図9-2を見比べると、マナーとして変わらない部分も保ちながら、流行が変化したようにも見受けられます。このように、花嫁衣装と結婚にかかわる記事と図版は、年間を通じて割合頻繁に『ラ・モード・イリュストレ』には掲載されており、「モード欄」で詳細な記事になったり、見開きのページ全体を使って特集のように扱われたりしながら、特にどの季節に多いというような傾向はみられませんでした。

4. モードになった花嫁衣装

　このように、作法書と比較すると、服飾のひとつひとつについてかなり細かく具体的に説明がされていますが、それらは作法書の内容に沿いながらも、当時のモードにかなった花嫁衣装を勧めているからであるといえるでしょう。そして、1891年9月20日号の花嫁衣装の解説に相当する図解は、雑誌の誌面にはみられませんが、おそらくファッション・プレートとして付録についていたものと考えられ、これによって、視覚的にも理解することができたであろうと思われます。つまり、モード雑誌の花嫁衣装の解説は、作法書より一歩進んだ極めて実用的な、モードの識者からのアドバイスになっており、読者である女性たちは、これを読んで、具体的に、作法にもかない、モードにもかなった花嫁衣装を視覚的にも理解することができ、仕立て屋に頼んだり、買い物をしたりするときの実用的な指針、ガイドブックになっていたことがうかがえるのです。

　つまり作法書の内容の具体的実例を、モード雑誌は「モード」として視覚に訴えながら示し、文章のなかでは作法書の内容よりさらに詳しい、そのときのモードに即した情報も記述していたといえるでしょう。モード雑誌に取り上げられるようになった花嫁衣装は、規範に忠実でありながらも、ウェディング・ドレスを単なる儀礼服ではなく、まさしく「モード」に変容させていったといえるのではないでしょうか。

第9章　モードになった花嫁衣装　　99

［注］

i Evelyne Sullerot, *La presse féminine*, Paris, Armand Colin, 1963, pp.15–44.

ii Baronne Staffe, *op.cit.*, p.72. オレンジの花は柑橘類のオレンジの花のことである。色がオレンジ色なのではなく、白い花である。香りもとても良く、実を結ぶことから、子孫繁栄の願いを込めて、結婚の際には、オレンジの花を用いるものであった。下線は筆者が施したものである。

iii *Ibid.*, p.70.

iv Baronne d'Orval, *Usages Mondains, Guide du savoir-vivre modern dans toutes les circonstances de la vie*, Paris, Victor-Havard, 1902, pp.1–92.

v *Ibid.*, p.70.

vi *La mode illustrée*, le 5 juin 1887.

vii Toilette de marriage. Modèle de chez Mme Coussinet, rue Richer, 43. と記されている。

viii *La mode illustrée*, le 20 septembre 1891.

第10章
モードになった喪服

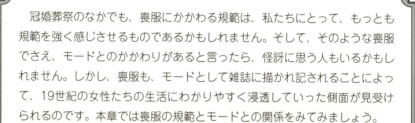

冠婚葬祭のなかでも、喪服にかかわる規範は、私たちにとって、もっとも規範を強く感じさせるものであるかもしれません。そして、そのような喪服でさえ、モードとのかかわりがあると言ったら、怪訝に思う人もいるかもしれません。しかし、喪服も、モードとして雑誌に描かれ記されることによって、19世紀の女性たちの生活にわかりやすく浸透していった側面が見受けられるのです。本章では喪服の規範とモードとの関係をみてみましょう。

1．喪服の規範

　第9章ではウェディング・ドレスについてみてみましたが、今度は喪服に関して作法書とモード雑誌の関係をみていくことにしましょう。もともと喪服に関する規範は、18世紀までは主に政府の定期刊行物として刊行される「年鑑」に記されたものでした。19世紀の女性向け作法書が量産されるなかで、特に寡婦の喪服について極めて詳細に作法書に記されるように変化していました。おそらくかつては、宮廷社交界や外交関係にある各国との交流において、適切に喪に服すことが重要であったために、作法書ではなく政府刊行物のなかに喪服の規範が記されたものと考えられます。しかし、19世紀においておそらく「喪に服す」意味が変容し、よりドメスティックな意味合いに変化したのだろうと思われます。国と国との外交問題として大事な部分であった服喪期間の問題が、家庭内の事柄として、あるいは家を中心とする交友関係などの事柄として、「服喪」の意味が変容したのでしょう。そのため、以前は公の場での服喪が重視されたのに対し、19世紀後半は家庭における服喪のマナー、とりわけ寡

101

婦の服喪のマナーが重視されるようになったことがうかがえるのです。そこに
は、主婦である女性に対し、社会がどのような視線を向けていたのかが映し出
されているように思われます。

2．18世紀までの喪服の作法

　18世紀までの喪服のエチケットを示していたのは、『服喪期間通知』
Annonce des deuils という通称で知られる年鑑でした。正式な書名は、『宮廷
の喪服に関する年次通知書』*Ordre chronologique des Deuils de la Cour* であ
り、Cour（宮廷）という語が使われていることから明らかであるように、宮廷
での喪服規範について記したものです。ここではフランス国立図書館所蔵の
1766年の年鑑をみてみたいと思います。この年鑑がいつから発行されていたの
かは不明なのですが、ある時期から毎年1月1日に発行され、販売されていた
ことはわかっています。1766年の年鑑はパリのサントノレ通りに面した「情報
通達局」Bureau général d'Indication（本屋ではありません）というところで販売
されていました。

　まず服喪期間についての記述があるのですが、以下に記すように王に対する
服喪および宮廷での「大服喪」Grand deuil は 6 カ月であり、もっとも長期に
わたるのは、夫に対する寡婦の服喪期間で 1 年以上に及んでいました。

　　服喪期間
　　王に対する服喪および宮廷での大服喪　　6 カ月
　　父母　　　　6 カ月
　　祖父母　　　4 カ月半
　　兄弟姉妹　　2 カ月
　　叔父叔母　　3 週間
　　本いとこ　　2 週間
　　いとこ　　　8 日
　　夫　　　　　1 年と 6 週間

妻	6カ月

　つまり死者との関係によって服喪期間は定められており、その内容について特に詳細に記されているのは、両親に対してと、夫と妻に対しての服喪期間と喪服についてです。ここではもっとも細かく定められ、服喪期間がもっとも長かった、寡婦の喪服についてみていくことにしましょう。寡婦の服喪期間は3期に分かれており、1年6週間の長期間に及びました。その最初の6カ月は次のような衣服を身につけることが求められていました。

　　寡婦は毛織物のラ・ド・サン・モールを身につける。長いトレーンをひいたローブで、それをスカートの片方に付けている飾り紐でたくしあげ、ポケットからそれを再度引き出す。ローブのプリーツは前と後ろで留める。前のふたつのプリーツはブローチかリボンで留める。コンペールは身につけない。袖はパゴダ風。大きな折り返しのついたかぶりもの。レースが一段と、大きな折り返しのついた普通のカフス。胴のプリーツを留めるために、黒いクレープ地（縮緬）のベルトの前をブローチで留め、ふたつのベルトの先をローブの裾まで垂らす。昔行なっていたように、クレープ地のスカーフを後ろで襞を寄せる。黒いクレープ地の大きなかぶりもの。手袋、靴、ブロンズ色のバックル。ラ・ド・サン・モールで覆われたマフ。装飾はないが、クレープ地の扇をもつ[v]。

　ラ・ド・サン・モールとは、1677年にパリ郊外のサン・モール・デ・フォッセで作られ始めた黒いサージのことです[vi]。喪服用に作られた布で、特に寡婦の喪服用として、19世紀に至るまで用いられていました。続く6カ月間は下記の通りです。

　　黒い絹。袖と装飾は白いクレープ地。お望みなら、黒石のアクセサリー[vii]。

　黒一色ではなく袖と装飾に白色が用いられるようになり、アクセサリーも加わります。素材は最初の時期の毛織物から絹へ変化しています。そして、最後の6週間は次の通りです。

黒と白のみ。白一色ではない。かぶりものと袖はブロケード織りのガーゼ。すべて黒か、すべて白の装飾を選ぶこともできる。[viii]

　最後の 6 週間は petit deuil（小喪服）と呼ばれた時期にあたり、寡婦は白一色ではありませんが、白色が表だって現れてきます。夫に対する小喪服には黒色も共に用いなければなりませんでした。

　そのほかの注意事項としては、両親と夫や妻に対しては draper と呼ばれるしきたりがあります。これは17世紀以来、あるいはもっと以前からおこなわれていることですが、部屋や馬車などを黒塗りにすることです。寡婦の場合は次の通りでした。

　　一年の間、（寡婦の）控えの間は黒塗りにし、寝室と小部屋は灰色にする。6 カ月間、鏡に覆いをしておく。[ix]

　このように、寡婦の居住空間を黒塗り、あるいは灰色の暗い色調にして弔意を表現します。鏡に覆いをするというのは、服喪中は、寡婦が身なりを華美に装うことを拒否するために、おこなわれたものでしょう。寡婦は、あくまで、夫の死後は身なりを暗く簡素で地味なものにして、そのことによって、悲しみを表現する必要がありました。また draper とは異なりますが、「寡婦は最初の 6 カ月は宮廷に出仕することはできない[x]」とも記されていました。寡婦は社会的にも服喪中は存在を隠す、あるいは消す必要があったかのようです。いっぽうで、夫は妻を亡くした場合、服喪期間の初日から宮廷に出入りすることが可能でした。

　以上のように18世紀までの寡婦の喪服が厳密な規範として政府から刊行される年鑑というものに示されていたことを確認しておきたいと思います。もちろん、この年鑑に図版はついていません。

104　　第III部　メディア

✄　3．スタッフ夫人の作法書にみられる「喪服」の言説

　それでは、19世紀になって喪服の作法はどのように変化をしていったでしょうか。ここではスタッフ夫人の『社交界の慣習』にどのように記されていたのかをみていきます。『社交界の慣習』では寡婦の喪服の規範について、ひとつの項目を設けて、詳しく記されています。そのほかの場合の服喪の規範ももちろん記されていますが、依然として夫に対しての服喪が一番重いものとされていました。特に服喪期間などは、18世紀以前と変わらない規範が19世紀を通じて同様に記されましたが、19世紀後半の作法書には、寡婦の喪服のみが別項目にされて、服喪期間もむしろさらに長くなり、特別に取り上げるべき対象となっていました。その内容は次の通りです。

　寡婦の服喪期間は、もっとも長い期間におよび、2年間続く。厳格な大喪服 (Grand Deuil) は、まる1年間続く。つまり、無地の毛織物のローブに、イギリス製の縮緬で覆う。帽子には、顔に覆いかぶさる長いヴェールをつけ、三角形のショールを羽織る。くつしたは黒く、麻糸か、毛糸のものにする。手袋も同様である。家のなかでは、ボネ（縁なし帽）かあるいは寡婦用のかぶりものをかぶる（髪の毛は覆い隠さねばならない）。そして、宝飾品は禁じられている。固い木製のものでさえそうである。服喪期間の第二期の最初の6カ月間は、縮緬はガーゼに替わり、メリノはあまり地味ではない布に替わる。無地のグレナディンシルクや、ヴェールや、軽い毛織物である。装飾品はまだ簡素なものを用いる。絹か革製の手袋をはめる。ショールの代わりには、ジャケットや、ローブと同じ布地のマントレを羽織る。ジェットの宝飾品を身につけてよい。最後の6カ月は次のような時期に分かれる。3カ月間は、黒いレース、絹、ルーシュ、ジェット刺繍の時期である。次の6週間は、白と黒の布地、白いレースの時期である。そして、それ以後の期間満了までは、灰色、濃い紫色、三色菫色、藤色（色彩のグラデーションをしっかり守らなければならない）を使ってよい。そして、最後の2週間は花が許される。マツムシソウ、菫、三色菫、ツルニチニチソウである。そして宝飾品に関しては、真珠とアメジストを用いてよい。[xi]

第10章　モードになった喪服　　105

このようにスタッフ夫人の喪服についての解説はかなり詳細です。寡婦の服喪期間は２年間にまで延長され、やはり重視されていたことがわかります。また、喪が明けたときの装い上の繊細な気遣いについても事細かに述べられていました。19世紀になってあらたに喪服の規範に現れたのは、ジェットと紫色でした。服喪期間の最後には、紫色の花飾りも許され、それまでの喪服にみられたモノトーンの色彩にひとつわずかな彩りが加わったように思われます。

✕　4.『ラ・モード・イリュストレ』にみられる「喪服」について

　第９章の花嫁衣装と同様に、喪服に関しても作法書とモード雑誌の比較をしてみましょう。『ラ・モード・イリュストレ』においては、花嫁衣装ほどではないにしても、喪服も１年のうちに数回は図解も含め記事にされています。その関心の寄せ方は、作法書に記されているものとほとんど変わらないように見受けられます。たとえば、1887年８月14日号においては「喪服をどのように着るか」という項目が立てられ、ほぼ作法書と同様の書きぶりの内容が記されているのは驚くばかりです。しかも、作法書よりもさらに詳細で具体的な解説がなされているといってよいと思います。この８月14日号の記事は次のようにはじまっています。

　　服喪のエチケットを構成している決まりは不変のものなので、すでに述べた後では、何もつけ加えるものはなく、同じことを繰り返すだけのように思われる。しかしながら、それでもやはり、喪服の装い方には、多くのニュアンスがあり、喪服の性質や、喪服を着用する人に固有に結びついている問題も存在している。服喪というものは、まったく公平なものではない。つまり、万人が同じ方法で痛みを感じているわけではないからだ。[中略]　このようなニュアンスや、そのほかの事柄は、喪服の作法には記すことができないだろう。[中略]　厳格な服喪は、父、母、そして夫についての服喪である。この人たちに対する服喪には遠慮はいらない。父と母に対しては、18カ月の喪に服す。そして、夫に対しては、２年間の服喪で、他の誰に対するよりも厳格なものである。[xii]

106　第Ⅲ部　メディア

このように、礼儀作法書に書いてある事柄とほぼ同じような内容、つまり父母に対しての服喪期間や、夫についての服喪期間、そして夫に対する服喪が一番重いことなどが書かれながらも、雑誌には作法書に書かれていないことを記していく、と前置きがされています。つまり、作法書だけでは読者が知り得ない情報を、ここでは解説するのだと明言していることになるでしょう。しかし、いっぽうで次のようにも述べています。

　　大喪服（grand deuil）はモードの後ろからついていくものではない。たとえ、それが、今日の趣味に装いを合わせようとしてあまりにも苦しんでいる人びとを、モードに対する隷属状態から解放するために作り出されたものだとしても[xiii]。

　つまり、喪服はモードから人びとを解放したものではありながら、モードを先導していくものでもあると述べていることになります。このように述べてから、大喪服からはじまり、半喪服（demi deuil）に至るまで、かなり詳細な解説が次のように続きます。以下は大喪服に関する記述の一部です。

　　大喪服の期間には、服喪期間全体の３分の２は、次のものしか身につけない。黒い毛織物の無地のドレス、三角にたたまれた黒いカシミアの大きなショール、うなだれた頭には１メートルから１メートル50センチの長さの黒いヴェールが付いた黒い縮緬の帽子をかぶる。冬季には大きなショールだけでは足りず、ドレスの胴着の上に、キルティング状の黒い絹のフィシュを身につけ、首元をボタンで留め、胴部の前面は絹のリボンで結ぶ。夏季には、カシミアの大きなショールは重すぎるので、黒い毛織物のグレナディンシルクのショールに替える。これが、古典的な喪服であり、厳格なものである[xiv]。

　大喪服から解説をはじめることや書きぶりは、作法書の書き方とかなり近似していると思います。しかし、最新流行としての大喪服を示し、冬季や夏季といった季節ごとに喪服をどのように替えたらよいか説明しています。作法書ではこのような季節ごとの細かな部分までは記されていません。この文章のあとにも、亡くなった人物との関係において、どのように変化をつけたらよいか、

図10-1 左は「喪服」右は「半喪服」、クシネ夫人のブティックによるデザイン、*La mode illustrée*, le 7 aout 1887（日本女子大学家政学部被服学科所蔵）

図10-2 左は「喪服」右は「若い女性用の喪服のドレスとペルリヌ」、クシネ夫人のブティックによるデザイン、*La mode illustrée*, le 16 aout 1891（日本女子大学家政学部被服学科所蔵）

図10-3 「喪服の帽子」、*La mode illustrée*, le 14 aout 1887 表紙（日本女子大学家政学部被服学科所蔵）

かなり詳細に記されています。さらにここでは引用しませんが、喪服に用いる変化に富む多くの布地や装身具の具体例も、シチュエーションごと、亡くなった人物との関係にあわせてかなり詳細に具体的に解説もされていました。

このように、『ラ・モード・イリュストレ』においては、花嫁衣装ほど頻繁ではありませんが、喪服についても必ず1年のうち2、3回は言及され、文章だけでなく個別の喪服の詳細も図解されて（図10-1）（図10-2）、喪服のマナーを理解できるようにしています。1887年8月7日号、8月14日号と1891年8月16日号では、「喪服の帽子」（図10-3）「喪服

の際の髪型」があげられ、1891年11月8日号では、「喪服における装身具」という項目があげられるなど、装い全体だけでなく細かなアイテムについての解説およびアドバイスも散見されます。このような細かなアクセサリー類に関しての記述は、作法書にはマナーとして記されているだけですが、『ラ・モード・イリュストレ』をみればそれらの服装のデザインなども視覚的に理解できるため、服喪の際のかなり実用的な助言として、当時の女性たちは参考にしていたであろうと思われます。「喪服」に関する記事と図像は、作法書とモード雑誌が補完的な関係にあることをよく示しているといえるのではないでしょうか。

✂ 5. モードになった喪服

　以上のように、まず注目すべき点は作法書に記されている「喪服」のマナーにあくまで忠実でありながらも、モード雑誌『ラ・モード・イリュストレ』において、喪服はやはり最新流行の「モード」として扱われていることです。そして、素材や形、色、装飾など、極めて詳細な服飾の紹介として現れている点を指摘しておきたいと思います。特に同誌の「モード欄」は多くの場合、編集者エムリヌ・レイモンが自ら執筆している欄であり、そのような意味で、モードの専門家から指南を受けられる重要な部分になっていました。つまり、作法書は、マナーとしての「喪服」を総論として示し、冠婚葬祭の一般的なマナー全体を提示していますが、モード雑誌のほうでは、それを視覚的に理解できる版画やファッション・プレートと、作法書より数倍も詳細、かつ具体的な事例に富む、服飾解説によって、流行にかなった装いとして示しているといえます。つまり、冠婚葬祭の礼儀作法として重要であった「喪服」も「花嫁衣装」と同様に、モード雑誌に掲載されることによって、最新のモードになったといえるのではないでしょうか。あるいは別のいい方をするならば、モード雑誌は規範に対して常に敬意を払いつつ、その範囲内で許される限りの、できるだけ最新のモードを提案していたといえるのではないでしょうか。このように、女性にとってもっとも身近であった作法書とモード雑誌は、意図されていたのか

どうかはわからないのですが、相互補完的な関係にあり、これによって、「言葉」と「ビジュアル」の双方から当時の女性たちは賢く装いを整え、社交界のなかでどのように身を処していくのか、生き抜いていくのか、学んでいたのではないかと考えられるのです。

✕ 6. 補完関係にある作法書とモード雑誌

　第8章と第9章で述べたことは、19世紀後半のベストセラーの作法書『社交界の慣習』と同時期のモード雑誌『ラ・モード・イリュストレ』における「花嫁衣装」と「喪服」の言説および図像の調査による比較検討にとどまっています。しかし、モード雑誌と礼儀作法書が当時の女性の日常生活における指南書として、双方の特質から補完関係にあることはすでに明らかになりました。つまり、作法書の言説とモード雑誌の言説が近似関係・類似関係にあり、モード雑誌には作法書にはない視覚情報が付加されているということの確認はできたと思います。そもそも、作法書が扱っている家庭内のさまざまな事柄と、モード雑誌が扱っている事柄には、重なり合っている部分が多かったことも興味深い事実です。

　『ラ・モード・イリュストレ』の副題は、journal des famillesとなっており、つまりモード雑誌でありながら「家族の雑誌」であることを表明しています[xv]。したがって、家庭内の事柄、しかも主婦に必要な衣生活を中心とする事柄が網羅して扱われているのです。このように、モード雑誌と礼儀作法書の双方が、「言葉」と「ビジュアル」による相補的な関係をもって、女性の理想的な暮らしや生き方のための指南書としての役割を果たし、またモード雑誌によって、作法は「モード」へと昇華することになったのではないでしょうか。

［注］

i 　*Ordre chronologique des Deuils de Cour, qui contient un précis de la vie et des ouvrages des Auteur qui sont morts dans le cours de l'année 1765, suivi d'une Observation sur les Deuils.* Paris, l'Imprimerie de Moreau. 1766. （以下では Ordre chronologique と略記する。）

ii 　増田美子編著『葬送儀礼と装いの比較文化史―装いの白と黒をめぐって』東京堂出版、2015年、

（拙稿、第 2 章第 3 節「ヨーロッパの葬送儀礼と装い—18世紀フランスから現代カトリックにおける葬礼まで」pp.131–171）。

iii　『フランスモード史』（前掲書）、第 4 章、pp.170–179.

iv　*Ordre chronologique.*

v　*Ordre chronologique,* pp.305–307.

vi　Elisabeth Hardouin-Fougier, Bernard Berthod, Martine Chavent-Fusaro, *Les Etoffes*：*dictionnaire historique,* Paris, Les Editions de l'Amateur, 1994, p.318.

vii　*Ordre chronologique,* pp.307–308.

viii　*Ibid.,* p.308.

ix　*Ibid.,* p.308.

x　*Ibid.,* p.308.

xi　Baronne Staffe, *op.cit..,* pp.277–278.

xii　*La mode illustrée,* le 14 aout 1887.

xiii　*Ibid.*

xiv　*Ibid.*

xv　「家族の雑誌」ではあるが、そこに夫は含まれていない。あくまで、モード雑誌は、女性と子どもたちについて記されるものであった。

第10章　モードになった喪服　　111

第11章
モード雑誌と広告

> メディアとモードとの関係を論じる第3部の締めくくりとして、最後に広告がどのように変遷していったのか、考えてみたいと思います。モード雑誌の変容は、広告の変容でもありました。また、当初のモード雑誌には広告のようなものはみられなかったのですが、現代がそうであるように、しだいに広告が不可欠な存在になっていきました。それはそのまま、社会の変化そのものと関係があったようです。モード雑誌の広告は社会情勢を映し出している媒体でもありました。

1. モード雑誌と広告

　現代のファッション誌の多くのものが、その誌面におけるかなりの割合を、華やかな写真による広告のために割いているように思います。それは、現在ではラグジュアリー・ブランドからの広告収入というものが、雑誌発行のための重要な収入源でもあるからで、ある意味、経済的かつ経営的必要に迫られている部分もあるのでしょう。つまりブランドと雑誌はお互いに支えあっているところがあるのだろうと思います。

　しかし、モード雑誌が登場したころ、はじめから広告があるわけではありませんでした。なぜなら17世紀から18世紀のモード雑誌は宮廷の服飾文化を伝えるものであったので、それらの服飾の販売促進などのための雑誌ではなかったからとも考えられますし、宮廷に出入りをしているモード商人などであれば、およそ誰がどこに出入りをしているのか見当もついたからでもあるでしょう。

　そのように考えると、モード雑誌における広告の増加というのは、近代的な

消費生活、つまり消費社会の進展と歩を同じくしていたと言えます。そこで、雑誌の進展と広告がどのように変化を遂げていったのか、第3部の最後の本章では考えてみたいと思います。

❋　2．購入者に向けられた情報

　すでに第8章において述べているように、19世紀になってから本格的にモード雑誌にはファッション・プレートがはさまれるようになり、購入者が欲しいと思う服装の詳細が、色彩豊かに視覚的に理解できるようになりました。それ以前の時代においても、描かれている服飾の情報自体は記されることがありましたが（服飾の名前や、色や素材など）、それらの服飾品を、どこのお店で購入できるかを示すようになったのは、『ラ・モード』誌にはじまるとされています。

　具体的に、『ラ・モード』誌にどのように記されているのか、みてみましょう。これらをみると、広告のはしりが、どのようなものであったのかが、理解できると思います。

　図11-1は、1833年5月11日号の『ラ・モード』誌にみられたファッション・プレートですが、衣装図の下に、美しいカリグラフィによって何か書かれています。よく見ると、そこには、「縦畝ビロードのカポート、ブロケード模様のグロ・ド・ナプルのルダンゴト、ラロシェル夫人の店、ショワズール通り3番地」と記されています。カポートは女性用のコートの一種で、グロ・ド・ナプルは織物の名称、ルダンゴトはもともと乗

図11-1　ファッション・プレート、*La mode illustrée*, le 11 mai 1833（日本女子大学家政学部被服学科所蔵）

第11章　モード雑誌と広告　113

図11-2　ファッション・プレート、La Follet 1838（日本女子大学家政学部被服学科所蔵）

馬用であった毛織物の外套のことを指しています。そしてさらに、購入できるお店の名前と住所が記されていることになります。このファッション・プレートを見れば、服飾の詳細と、購入店の情報が合わせて得られるものになっていました。

同様の形式になっているファッション・プレートは、図11-2の『ル・フォレ』誌のプレートにも見ることができます。ここには、「新作展示会の消息、サン・マルタン大通り61番地、ソーモン小路21番地のド・ラ・コケット店の帽子、ボンヌ・ヌーヴェル通り10番地のサルマン夫人のアトリエによる毛織のモスリンのドレス、モンマルトル通り171番地のプッス店のコルセット」と記されています。おそらく、サン・マルタン大通り61番地において、服飾の新作展示会がおこなわれ、そこに展示されて話題になった、帽子、ドレス、コルセットについて、それぞれ店舗と住所を記して示しているのだろうと推測されます。このように、ファッション・プレートの下の部分に、店舗の名前と住所を美しいカリグラフィで記すということが、広告の第一歩であったと考えられるでしょう。

3. 広告の誕生と変遷

このような揺籃期の広告がさらに発展していく次の段階として、19世紀後半に人気を博していく『ラ・モード・イリュストレ』誌にみられるような広告の形があるのだろうと思います。たとえば、図11-3は1878年5月19日号の表紙

になりますが、大きな図の下に小さな文字ではあるものの、「フード付きマントレに誂えたレース、ド・ラ・トルシェール嬢の店のモデル、ヴュー・コロンビエ通り17番地、（型紙上に説明有り）」と記されています。つまり、前節でみた『ラ・モード』や『ル・フォレ』のものは、雑誌に挟まれているファッション・プレートにつけられた店舗情報でしたが、『ラ・モード・イリュストレ』では雑誌の誌面のなかにある図中に店舗情報が記されるようになりました。そして『ラ・モード・イリュストレ』には多くの場合、型紙が付録としてついていましたので、そこにさらに詳しい情報も記されることになったようです。

　『ラ・モード・イリュストレ』には、小さな文字ではありますが、同じような方法でさまざまに店舗情報を記していくようになりました。そして、この時期にはすでに百貨店も誕生していましたから、大々的な百貨店の広告も掲載していくようになっていきます。図11-4は、「子ども用の下着類」をまとめて宣伝しているもので、これは当時人気のあったルーヴル百貨店のものでした。誌面の一番上のところに「子ども用の下着類、ルーヴル百貨店のモデル（型紙上に説明有り）」と記されています。百貨店で売ら

図11-3　*La mode illustrée*, le 19 mai 1878表紙（日本女子大学家政学部被服学科所蔵）

図11-4　子ども用の下着類、ルーヴル百貨店のモデル、*La mode illustrée*, le 16 juin 1878（日本女子大学家政学部被服学科所蔵）

第11章　モード雑誌と広告　　115

れている衣服でさえ、『ラ・モード・イリュストレ』においては型紙が付録になっているというのが、時代を物語っています。つまり、家庭裁縫によって衣服を作ることが、一般市民にとっては当たり前の時代であったからです。ルーヴル百貨店の広告は、『ラ・モード・イリュストレ』にしばしば掲載されており、子ども用の下着類のような小さなものだけではなく、婦人用のパルトと呼ばれる外套などの広告も、季節に応じて掲載されました。

4．広告と世相

　さらに時代が進んで、1901年刊行の『フェミナ』になると、すでに述べたようにファッション写真も掲載されるようになり、ずいぶんと現代のファッション誌に形式が似通ってきます。『フェミナ』においては、誌面の最終ページのあたりに広告が集められて掲載されるようになりました。おそらく現代と同じように、広告の大きさによって、広告料も徴収していたのではないかと思われ、会社や店舗によって異なるテイストの広告が掲載されるようになります。『ラ・モード・イリュストレ』においては、雑誌全体の統一されたデザインとレイアウトのなかに文字情報のみが加えられていましたが、『フェミナ』になると、限られた空間ではあるものの、会社や店舗の個性が、広告にあらわれてくるようになるのです。それはイラストや、文字のフォントや、文言にあらわれているように思います。

　たとえば、図11-5はそういった誌面の一例ですが、実にさまざまな職種の店舗や会社が広告を出してい

図11-5　Feminaの広告ページ、1901年5月1日号（日本女子大学家政学部被服学科所蔵）

ます。女性誌ですから、ダイエットにかかわるものや、化粧品や服飾に関するものが多いように思いますが、古い版画を扱う「レオン・レヴィ」という店や、「F・ベルナール」という鍵屋や、「クウェーカー」という名のセイロン・ティーの店、また当時の大女優サラ・ベルナールの使っている（らしい？）白粉「ラ・ディアファーヌ」という化粧品を宣伝しているもの、あるいは、歯科医組合の宣伝には、「食べるためにも、話すためにも、歯が美しいことは大事、まったく痛くないことを保証する」、とうたっている広告がみられます。このように、雑誌広告に、当時の世相や、当時の読者たちがなにに関心があったのかがみえてきて、大変興味深いものがあります。19世紀のはじめまでは、単なる店舗のアドレス程度の情報しかみられなかったのが、『フェミナ』の時代、つまり20世紀の初頭になると、それぞれの会社や店舗みずからが、率先して売りたいものや、雑誌の読者に訴えたいものがみえてくるのです。まさしく、広告が世相を反映しているといえる状態になってきました。

5．雑誌と広告、デザイナーの協働

さらに、1920年代、ちょうどアール・デコと呼ばれる美術様式が現れ、この様式はグラフィックの分野にも大きな影響を及ぼしましたが、モード雑誌も今まで以上に大変美しい誌面が作られるようになりました。カリグラフィーの美しさはもちろんのこと、すでに写真は存在していたものの、鮮やかな発色のポショワールによる芸術的なファッション・イラストやファッション・プレートが添えられて、モード雑誌の美しさは頂点に達したように思われます。

さらに、このアール・デコの時代のモード雑誌には、広告も雑誌の美しさに負けず、テ

図11-6　Art Goût Beauté、1925年1月号の広告ページ（日本女子大学家政学部被服学科所蔵）

第11章　モード雑誌と広告　　117

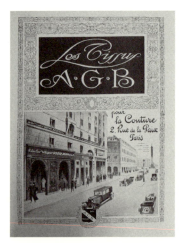

図11-7 「レ・ティシュ·A·G·B (A·G·B 生地産)」の広告、*Art Goût Beauté*、1923年1月号（日本女子大学家政学部被服学科所蔵）

図11-8 左上はドウイエ、右上はドゥルコル、下はドゥーセによる夜会服。いずれも「レ・ティシュ·A·G·B」店の布を使っている。*Art Goût Beauté*、1925年1月号より（日本女子大学家政学部被服学科所蔵）

イストが似通い溶け込むような広告が見られるようになります。雑誌と広告のコラボレーション、といった趣を呈していました。

たとえば、『アール・グー・ボーテ』（1921年～1933年、1921年以前は、『アール・グー・ボン・トン』というタイトルで刊行）というこの時代の代表的な雑誌のひとつをとりあげてみましょう。図11-6をみると、上に描かれているのは、女性用の夜会服やマントや毛皮を扱っているマルト・パンシャールというブティックの広告になっており、下のほうは「ル・キッド」という名の香水の「世界一小さい」と銘打たれたアトマイザーの広告になっています。異なる会社の広告ではありますが、文字の字体や、広告全体の雰囲気が、『アール・グー・ボーテ』の誌面全体に貫かれている雰囲気を壊さずに、むしろ一体化して馴染んでいるように思われます。あるいは、別のいい方をするならば、高級婦人服を扱うブティックや、香水のアトマイザーを扱う店の美しい広告を掲載することによって、雑誌全体の雰囲気を高級でエレガントなものとして演出することに成功しているようにも思われます。つまり、雑誌と広告がお互いに win-win の関係にあったといえるのではないかと思います。

また、実は19世紀のモード雑誌でも同様のことがみられたのですが、『アール・グー・ボーテ』は雑誌を刊行しているだけではな

く、衣服の仕立てや販売そのものにも、関与していました。というのは、雑誌の名前を冠した生地屋「レ・ティシュ・A・G・B」も経営しており、パリの中心にある最高級ブティックが集まっているラ・ペ通り２番地に店舗を構えていたのです（図11-7）。そして、この生地屋の高級布地を使ったドレスを、当時の人気デザイナーたちが制作しており、そのドレスが雑誌で紹介される、という具合になっていました。その例は図11-8や図11-9にみることができます。

図11-8ではドゥイエや、ドゥルコル、ドゥーセといった、当時の有名デザイナーたちによって、A.G.B.つまり『アール・グー・ボーテ』の生地屋の布地を使ってデザインされた夜会服などが紹介されています。

図11-9　ビアによるディナー・ドレス。A・G・Bの布を使っている。*Art Goût Beauté*、1925年１月号。（日本女子大学家政学部被服学科所蔵）

図11-9はデザイナーのビアによる作品で、「プロローグ」という名前のついたディナー・ドレスとなっています。そして、説明には「A.G.B.の"ミランダ"という名の黒と白のクレープ地でできたディナー・ドレス、小さなバラが刺繍されている」と記されています。

また『アール・グー・ボーテ』の裏表紙には、やはり A.G.B. の店舗マークのついた生地の文様が刷られていました。これは見た目にも美しく、さりげない広告のやり方ともいえるかもしれません。

このように、20世紀を迎えて雑誌と広告のありかたは、さらに変化を遂げていきました。『アール・グー・ボーテ』にいたっては、雑誌の誌面と広告と服飾産業とデザイナーとが、連携して協働し、互いに利益を得るように誌面が作られていたということがわかります。とはいえ、そのようなことは一見わからないように、巧みに、美しい誌面のなかに、経営戦略をこっそり隠していたように思われます。

第11章　モード雑誌と広告　　119

第IV部

フィクション
─文学、芝居、映画、オペラ…─

昨今の、いわゆるコス・プレは、
フィクションの世界から生まれたファッションの一例だろう。
さまざまなエンターテインメントから
服飾の流行が生まれることは、ずいぶん昔からみられたし、
童話やものがたりの世界の象徴的な服飾も
数多くわたしたちは知っている。
文学や芝居や映画やオペラ、、、こういった作品たちを
服飾から読み解くと、どのような世界がみえてくるのか、
味わってみよう。

第12章
『シンデレラ』のガラスの靴

> 『シンデレラ』は誰もが子どものときから知っているおとぎ話で、女性なら小さな子どものころに、『シンデレラ』の「ガラスの靴」に心を躍らせた経験があるかもしれません。ですから、私たちにとって当たり前の知識として知っているこの「ガラスの靴」が、もしかしたら、「ガラスの靴」ではなかった可能性があるとしたら、驚かれるのではないでしょうか。しかし、この問題は長く研究者の間で論じられてきた問題でもありました。そのことをお話ししましょう。

1．「ガラスの靴」

「さあ、これで舞踏会に行く用意ができたね。これでお前も満足だろう？」
「ええ、でもこんな卑しい身なりで行けますかしら？」
名付け親が杖で触れると同時に、サンドリヨンの服は、金糸銀糸で縫い取られ、きらびやかに宝石のついた服に変わりました。それから名付け親は、この世でいちばん美しいガラスの靴をサンドリヨンに与えます。こうして身支度ができると、サンドリヨンは馬車に乗り込みました……

これは、誰もが知っている『シンデレラ』の有名なワンシーンです。やさしい魔法使いのおばあさんに杖を一振りされて、みすぼらしい服をきらびやかな美しいドレスに変えてもらい、さらにキラキラと輝くガラスの靴までもらって、馬車（かぼちゃとネズミたちから魔法で作ってもらった）に乗って、宮殿の舞踏

会にでかけていくという『シンデレラ』の物語の重要な部分といえるでしょう。この引用文は、17世紀のフランスの作家シャルル・ペローによる童話集に収められたものからの引用なので、魔法使いのおばあさんは、「名付け親」になっており、シンデレラはフランス語読みの「サンドリヨン」になっていますが、内容は私たちがよく知っている『シンデレラ』とまったく同じものです。魔法使いのおばあさんの杖の一振りで、かぼちゃから豪華な馬車が作られ、ネズミが御者になり、トカゲが従僕になり、そして継母と義理の姉たちにいじめられていた可哀そうなシンデレラが、美しいお姫様に変身するので、有名な1950年に制作されたディズニーによる最初のアニメ映画のなかでの魅惑的な演出の影響もあり、この魔法のシーンは世界中の少女たちが憧れる夢のようなシーンとして知られています。

　もちろん、作者のペローがひとりで創作した物語では決してなく、いわゆる口承文学として長くヨーロッパで語り継がれてきた物語を文章化したものですので、『シンデレラ』にはほかにもいくつものヴァージョンが存在しています。国によって細かな部分も異なっていることでしょう。しかし、とりあえず、現代では、2015年に公開された実写版の映画『シンデレラ』においても、ディズニーのアニメ映画と同様に、このシーンはかぼちゃとネズミとトカゲの変身と、シンデレラの美しいお姫様への変身と誕生のシーンとして描かれています。そして、美しい「ガラスの靴」が手渡されるのも、お決まりのこととして、描かれています。その物語の進行と内容自体に、今では異論をはさむ人も、ほぼいないように思います。それほど誰もが当たり前に知っている物語だからです。

　しかし、フランス文学の世界においてはシンデレラがもらった「ガラスの靴」が本当に「ガラスの靴」だったのか、長い間まじめに議論されてきました。もしかしたら、まだ決着がつきかねているともいえるかもしれません。そこで、本章では誰もが知っている童話『シンデレラ』の「ガラスの靴」に秘められた謎について、最終的な答えを導き出せるかどうかはともかく、掘り下げて読み解いてみたいと思います。

第12章　『シンデレラ』のガラスの靴　　123

✕ 2．ガラスの靴なのか？　毛皮の靴なのか？

　まず、シンデレラに与えられた靴は本当にガラスだったのか、という問題が
あります。というのは、ペローの書いた初版のタイトルには、「Cendrillon ou
la petite pantoufle de verre」と記されているのですが、「ガラス」にあたる言
葉 verre が、もしかすると、本当はほかの言葉ではなかっただろうか、という
見解がすでに19世紀には見受けられたからなのです。verre とほぼ同じ発音を
する言葉に vair という語があります。この語と混同したのではなかったか、
という指摘なのです。この指摘は19世紀フランスを代表する作家オノレ・ド・
バルザックや、19世紀に非常に浩瀚なフランス語辞書、しかも多くの研究者が
今日においてもなお非常によく用いている重要な辞書を編んだ、エミール・リ
トレによってなされました。

　彼らの主張は、verre ではなく vair であったのだろう、というものですが、
この vair とはなにでしょうか。実は、これは中世以来、王族・貴族に用いら
れてきた、シベリアリスあるいはキタリスという名前で呼ばれた、ユーラシア
大陸の北端シベリアのあたりで捕獲されていたリスの毛皮のことを指している
のです。petit-gris という呼ばれ方もしますが、中世のかなり早い時期から、
大変貴重な毛皮として用いられてきました。背中側の灰色の毛と、おなかの側
の白い毛の部分をわかるようにして縫い合わせるので、独特な模様が生まれ、
その模様の様子は、中世から続く西洋の紋章にも受け継がれているものです。
中世には、毛皮を衣服の外側に用いることはほとんどありませんでしたから、
多くの場合、マントの裏地や、シュルコとよばれるローブのような服や、ウー
プランドというゆったりとした室内着や、シャプロンというフード付きのケー
プなどの裏地に用いられていました。そしてもちろん、このヴェールという毛
皮は、貴族階級の身分の上の人びとのしるしともいえるものでもありました。
そのような毛皮が古くから存在したこともあって、『シンデレラ』は口伝えの
文学をもとにしているので、言葉の発音の混同による、言葉の取り違えが起こ
っていたのではないか、という指摘をしているのです。もし、これらの主張が
正しければ、私たちが当たり前に思っていた「ガラスの靴」ではなく、「毛皮

124　　第IV部　フィクション

の靴」ということになり、完全に物語のイメージが一変してしまいます。

それでは、バルザックやリトレはどのように言っていたのでしょうか。すこし引用してみましょう。

> 人びとは、大きめのvairと小さめの（ムニュ・ヴェール）vairをきちんと見分けることができたものだ。100年以上前からこの言葉は、まったく使われなくなってしまったので、ペローの童話の無数の版の中で、有名なサンドリヨンの靴は、おそらく小さめのvairでできた靴だったはずだが、ガラスverreの靴として記されることになったのだろう[ii]。

さらに辞書編纂者のリトレは次のように記しています。彼の辞書におけるvairの項目の内容です。

> 我われがこの語のことをよく理解できていなかったから、そして今ではほとんど使われていないから、人びとはサンドリヨンの物語の多くの版の中で[間違えて]印刷してしまったのだろう。「毛皮の靴（ヴェール）」、つまり、リスの毛皮で覆われた靴とする代わりに、「ガラスの靴（ヴェール）」（これは理屈に合わないのだが）としてしまった[iii]。

このような影響力のある人たちの見解を目のあたりにすると、シンデレラの靴は「毛皮」だったのかもしれない、と思えてきます。でも、実際に「毛皮」の靴が正しかったとして、そのような靴でシンデレラのストーリーが成り立つのだろうか、という思いも否めません。

3．やはり「ガラスの靴」なのか?

そこで、またこの「毛皮」論に反論が出てきます。それは、ポール・ドラリュという文学者でした。彼のいい分は次のようになります。1697年のペローの初版本において、はっきりと「ガラス」verreと記されていることを根拠にした反論です（図12-1）。

図12-1　ペロー『シンデレラ』初版本表紙

彼が、verre と書いたとき、ペローは伝統的な情報に基づいただけであった。というのは、ガラスの靴あるいはクリスタルの靴というのは、『サンドリヨン』の物語のなかだけでなく、スコットランドや、アイルランドや、そのほかのあらゆる童話集に集められているあれやこれやのお話の中に認められたからである。そこにはペローの影響は認められず、また、フランス語のように、「ガラスの靴」と「毛皮の靴」の間に混乱が生じるような同音異義語は見当たらないのである。

つまり、フランス語だけではなく、ヨーロッパのあちらこちらで伝承されているさまざまな『シンデレラ』の物語のなかで、ガラスかクリスタル以外の靴はなく、ガラスと毛皮を混同するような同音異義語はなかった、ということであり、なかなか説得力がある論証といえるでしょう。さらに、別のところでもドラリュは次のようにいって、反論していました。

> 衣装に関するいかなる史料においても、毛皮（ヴェール）の靴や、毛皮（ヴェール）で裏打ちされた靴について語っているものは見当たらない。ヴェールはただ、衣服の裏地にのみ用いられる。［中略］中世から17世紀にかけて、唯一、贅沢な靴の裏地として記されているのは、フランネル（ブランシェ）——つまり白い毛織物——とフェルトである。

このようなドラリュの意見をさらに補強するものとして、エドワード・ラザムによる次のような文章もみられます。つまり「ペローは vair と書くことになんら支障はなかったはずである。しかし、彼はそうしなかったのだ。このことは議論の余地がない。たとえ、リトレによる指摘があったとしても」という

ものです。

　以上のように、そもそも初版本のペローの『サンドリヨン』のタイトルにおいて、はっきりと「ガラス」verre と書いてあることや、諸外国の『シンデレラ』においてガラスやクリスタル以外のものがないこと、vair という名の毛皮を使った靴が存在しないことなどを根拠に、やはり『シンデレラ』の靴はまぎれもない「ガラス」であった、としています。どうやらこれらの理論を前にして、ガラスの靴 VS 毛皮の靴論争は、ひとまず「ガラス」に軍配をあげて一件落着したように思われます。

　しかし、実はこれまでいわれてこなかった別の観点から、ひとつ気になることが見受けられますので、そのことを次に考察してみることにしましょう。

✖ 4．もしかしたら、「スリッパ」なのか？

　実はこれまでの議論のなかで、なぜか素通りされてしまっていることがひとつあります。それは、「ガラス」か「毛皮」なのか、という問題以前に、本当に「靴」だったのか？ という点です。これはどういうことかというと、ペローの初版本において、タイトルは、「Cendrillon ou la petite pantoufle de verre」となっており、「靴」と訳されている部分は、「パントゥフル pantoufle」という単語になっています。実は、この語は今のフランス語で訳すならば、「スリッパ、部屋履き」をさしている言葉であるために、すこし不思議に思われてくるのです。

　私たちが、普通にシンデレラの靴を想像する際、イメージするのはガラスのパンプスのような華奢でヒールの高い靴ではないでしょうか。そうであるとするならば、ここの「靴」をさす言葉はむしろ「スリエ soulier」や「エスカルパン escarpin」が良かったように思いますし、あるいはごく普通の「ショシュール chaussure」という靴をさす言葉がよかったような気がします。しかし、ここはまぎれもなく「pantoufle」となっていますので、直訳すると「ガラスのスリッパ」になってしまうように思うのです。これでは、シンデレラのイメージはまたもや、私たちの既存のイメージとかけ離れたものになっていきます。

第12章　『シンデレラ』のガラスの靴　　127

図12-2　pantoufle の図解、Maurice Leloir, *Dictionnaire du costume*, Gründ, 2003, p.266より

　それでは、pantoufle がどのような靴なのか、きちんと考えてみることにしたいと思います。モーリス・ルロワールの服飾辞典で pantoufle の語を調べてみますと、次のように記されています。そして、pantoufle の例として示されている図は、図12-2の通りです。

　　16世紀には、pantoufle は、腰革（クォーター）のない、［かかとが］むき出しの靴であり、布地や、毛皮で作られ、靴底は革やコルクでできていた。
　　今では、ヒールがなかったり、小さな平らなヒールで、フエルトによる靴底の、深めの pantoufle もある。（ミュールも参照のこと）[vi]

　つまり、ルロワールの服飾辞典によれば、やはり pantoufle は、特に古い時代にはかかとがむき出しのスリッパ状の靴であったことがわかります。今では、すこし深めでかかとの部分（腰革）があるものもあるようですが、少なくとも、ヒールはなく、あったとしても、低めで平らなヒールの靴であるということになるでしょう。そして、気になるのは、毛皮で作られた pantoufle もあった、という説明です。つまり、シンデレラの靴が、pantoufle であったとすれば、先に述べてきた「ガラスと毛皮の論争」における「毛皮」の可能性も再び出てくる、ということになり、また議論が振り出しに戻ってしまいます。
　しかし、もう「ガラスと毛皮の論争」については、あまりに堂々巡りになりますし、深入りすることはやめておきたいようにも思います。
　ただ、筆者がここでそれでもやはり気になるのは、pantoufle はスリッパ状の靴であったこと、それとヒールがない、いわゆるぺったんこの靴であったという事実です。ルロワールは、「ミュールも参照のこと」としていますが、ミュールは腰革のない、かかとがむき出しになったスリッパ状の形ですが、こちらはヒールが高い華奢な靴になっています。しかし、ペローはミュールとは書

いていません。

　このように pantoufle を理解するのであれば、私たちが幼少のころからイメージしてきた、シンデレラの美しいハイヒールのきゃしゃなガラスの靴のイメージは完全に崩壊するまでではないにしても、すこしイメージが異なってくるのではないかと思います。

　いっぽうで、pantoufle とはいっても、『シンデレラ』におけるそれは、おそらく腰革がないスリッパ状のものではなかったであろうと考えられます。というのは、シンデレラの話のクライマックスは、シンデレラが、ぴったり靴がはけるかどうかが重要なので、ペロー版ではない外国版のシンデレラでは、いじわるな義理の姉たちが、きついガラスの靴をはくために、かかとをけずったりして血だらけになるヴァージョンもあったりしますから、かかとを覆う部分（腰革）は、おそらく存在していたものと思われるからです。

　そうであるとしても、シンデレラの靴は、もしかするとヒールのない靴だったのかもしれません。これは、可能性としては高いように思います。なぜなら、ペローの初版本、本章で最初から問題にしているペローの初版本の、タイトルが書かれている表紙の挿絵をよくみてみましょう（図12-3）。そこには、まさしく、シンデレラに靴を試すように「その靴」が差し出されている絵が描かれているのですが、この版画の挿絵を見るかぎり、ヒールのない、平らな、どちらかというと、バレエシューズのような靴が差し出されているのが、はっきり見てとれるからなのです。

　この「靴」がガラスなのか毛皮なのか、それは、もはやどちらが正しいのか、やはり答えは出ないまま迷宮入りしてしまったように思うのですが、「靴」が「pantoufle」である以上、そして、この挿絵で確認するかぎりにおいて、「シンデレラの靴」とは、実はハイヒールの

図12-3　ペロー『シンデレラ』初版本　挿絵　くつの部分

第12章　『シンデレラ』のガラスの靴　　129

靴ではなかった、ということにはなるのではないでしょうか。

5．魔法の靴

このように、『シンデレラ』の靴をめぐる議論はまだまだ尽きることがないように思われます。ただ、あまり近視眼的にならずに、俯瞰的に作品をとらえてみると、この靴の真相を突き止めることだけが、『シンデレラ』という物語を深く楽しみ鑑賞するために、必要なことでもないようにも思われてきます。アナトール・フランスは次のように述べました。

> サンドリヨンは pantoufle を履いていた。毛皮のものではなく、ガラスのものだった。しかも、サン＝ゴバンの町のガラスのように透き通ったガラスだった。泉の水のように。そして、クリスタルの岩のように。この pantoufle は魔法の靴なのだよ。みながそう言っている。そしてそのことのみが、すべての困難を取り除くことができるんだ。

つまり、シンデレラの靴は、ガラスなのか毛皮なのかではなく、また、ローヒールなのかハイヒールなのかなのではなく、なによりも「魔法の靴」であることが重要なのだとアナトール・フランスは主張しているのでしょう。魔法がかけられた靴であるということだけが、なによりの物語における真実であり、「魔法の靴」だからこそ、シンデレラはすべての困難に打ち勝って、幸せなお姫様になることができた、そういうことなのでしょう。そして「魔法の靴」ととらえれば、あらゆる「シンデレラの靴」をめぐる論争もすべて解決するではないか、そう言いたかったのでしょう。

服飾史家としては、靴の真相を突き止めたくて仕方なくなるものではありますが、アナトール・フランスのいうこの言葉は、どのような解釈よりも童話としての『シンデレラ』を理解するのに、一番しっくりし納得がいく解釈のように思われ、物語同様の幸せな結論のようにも思われました。しかし、物語に描かれた服飾の細部を詳細に検討することの面白さも、この「シンデレラの靴」

をめぐる論争は、私たちに教えてくれているように思います。

[注]

i 『完訳ペロー童話集』新倉朗子訳、岩波書店、1991年、pp.216-217.

ii Perrault, *Contes de Perrault*, Garnier, 1967, p.154, ‹Études philosophiques sur Catherine de Medicis, Premiere partie : le martyr calviniste›.

iii Émile Littré. *Dictionnaire de la lauque français*, (1877) Versailles, Partenaires Livres, 1994.

iv Paul Delarue, *Le Conte Populaire français*, p.40.

v Paul Delarue, *Les caractères propres du conte Populaire français, La Pensée*, 1957.

vi Maurice Leloire, *Le Dictionnaire du costume,* (1951) Paris, Gründ, 2003, p.266.

第12章 『シンデレラ』のガラスの靴　131

第13章
『フィガロの結婚』から生まれたモード

18世紀のフランスはモードと芝居（エンターテインメント）が双方向で影響を与えあっている時代でした。現代でもテレビドラマや映画から服飾の流行が生まれることはあると思いますが、18世紀フランスも同様の現象がみられる時代でもありました。特に当時のモードを生んだお芝居として知られるのは、18世紀の傑作喜劇、ボーマルシェの『フィガロの結婚』です。これは同時代にモーツァルトがオペラにもしましたから、そちらのほうが、今は知られているかもしれません。本章では芝居からモードが生まれるということが、どのような意味をもつことだったのか、読み解いてみたいと思います。

1．配役ごとの衣装設定

『フィガロの結婚』は1784年4月27日に、当時のフランスの統治者であるルイ16世の反対を押し切って、パリ郊外のジュヌヴィリエにあるヴァンドルイユ伯の居城にて、一夜限りとのことで初演されました。その後パリでも上演されることになりましたが、以来良きにつけ悪しきにつけ大変な反響を得て、5年後のフランス革命はここから始まったという言い方がされたり、さまざまに批評をされてきた芝居でもあります。作者はピエール・オーギュスタン・カロン・ド・ボーマルシェ。彼は時計屋の生まれで優れた時計職人でもあり、ときにはアメリカ独立戦争を支援する政商でもあり、そして、劇作家でもある多彩な人物でした。『フィガロの結婚』の大成功は、すぐに同時代のもうひとりの天才であるモーツァルトに、同名のオペラをつくらせたほどでした。文学史上

においても、音楽史上においても、18世紀を代表するこの作品は、服飾史的な観点からみればこの芝居から多くのモードが誕生したという意味で大変興味深い作品といえます。

　まず、ほかのさまざまな芝居と比べてユニークな点は、各配役の衣装があらかじめ作者によって設定されていることがあげられます。「登場人物の性格と衣装」と題して、長文の説明があるのですが、すべてを書くと長すぎますので、主要人物の衣装の部分のみ、以下に引用しましょう。

　　アルマヴィーヴァ伯爵（アンダルシア地方の大法官）［中略］伯爵の第一幕と第二幕
　　　　における服は狩りの衣装で、往時のスペインの服装のように、長靴の高さ
　　　　はふくらはぎあたりまでとする。第三幕から終わりまでは貴族らしい高価
　　　　な衣装とする。
　　伯爵夫人　［中略］彼女の服は第一幕、二幕、四幕にあっては長いゆるやかな部
　　　　屋着であり、髪飾りはなにもつけない。第五幕にあっては，シュザンヌの
　　　　服を着て彼女の高い帽子をかぶっている。
　　フィガロ　［中略］フィガロの衣装は《セビーリャの理髪師》と同じようにする。
　　　　（訳注：《セビーリャの理髪師》におけるフィガロの服は次のように指定されている。
　　　　スペインの粋な伊達男のいでたち。頭にはネットをかぶり、帽子は白で、色物のリボン
　　　　が巻いてある。絹のスカーフをごくゆるめに首に巻く。上衣の下にヴェストを着け、絹
　　　　のサテンの半ズボンをはく。ボタンやボタン穴には銀の房飾りがついている。幅の広い
　　　　絹のベルト。靴下留めは手で結ぶようになっており、房飾りが足の左右に垂れている。
　　　　派手な色の短い上衣、襟の折り返しは大きく、ヴェストと同色になっている。靴下は白。
　　　　靴はグレイ。）
　　シュザンヌ　［中略］シュザンヌの第一幕から第四幕までの服装はバスク地方の刺
　　　　繍のある白い服で極めて上品である。スカートも同じ。頭には「シュザン
　　　　ヌスタイルの」と命名されたトック帽をかぶる。第四幕の婚礼の場では、
　　　　伯爵は彼女の頭に、高い羽根飾りと白いリボン、それに長いヴェールのつ
　　　　いたトック帽をかぶせる。第五幕では女主人のレヴィート（長くゆるい外
　　　　着）を着て頭には何もつけない。
　　シェリュバン　［中略］シェリュバンの豪華な衣装は、第一幕と第二幕にあって

第13章　『フィガロの結婚』から生まれたモード　　133

は、スペイン宮廷の小姓のそれであり、白地に銀の縁取りがしてある。肩には青い軽いマントを掛け、羽根飾りのついた帽子をかぶる。第四幕では農民の娘たちと同じく、胴着にスカート、トック帽となる。第五幕では士官の制服、制帽に剣を吊っている。[i]

このように指定されている衣装をみると、そこには「貴族らしい」とか、「スペイン宮廷の小姓」とか、「士官の制服」などのように、身分を表現するために衣装が一役買っていたことがうかがえるように思います。18世紀は身分社会であり、多くの場合それぞれの身分に見合った衣服を人びとは身につけているからでした。

2．スペイン趣味？

そして、以上のような衣装の説明をみてみると、『フィガロの結婚』の主要人物は、「スペイン風」の衣装を身につけるよう作者によって指示されていたこともわかります。というのも、この作品は舞台がスペインになっているからです。作者のボーマルシェは、この作品が当時のアンシャン・レジームの強固な貴族社会のなかで、受け入れられないかもしれない社会風刺（つまり人間はみな平等であるという考え方）が含まれているのを、やんわりとオブラートに包むために、舞台をフランスではなくスペインに仕立てました。それはおそらく、ボーマルシェ自身が一度スペインに滞在することがあったことも一因になっていたかもしれません。

スペインは、1700年からフランス・ブルボン家のルイ14世の孫にあたるアンジュー公フィリップがフェリペ５世として即位しており、フランスの影響を色濃く受けていた国でもあります。つまり、スペイン王家はフランス宮廷の習慣を引き継いでいました。そのことは、モードに関してもいえることであり、18世紀のスペインの服飾は、フランスとあまり変わらないものであったといわれています。[ii] 18世紀には、ヨーロッパ全体のモードをフランスが牽引していたので、当然のことともいえます。

とはいえ、当時のスペインの服飾に「スペインらしさ」といえる部分が、まったくなかったかといえば、そうではありません。たとえば、スペイン絵画の巨匠フランシスコ・ゴヤの絵（図13-1）を見れば、それらを見出すことができるでしょう。ゴヤが描く雅宴画は、フランスの影響を受けているともいわれますが、彼の描いたスペインの伊達男や洒落女たちの姿には、スペイン独特の衣装も描かれているからです。

　そのような「スペインらしさ」といえる服飾は、女性であればややドレスの裾が短めになっていて足のくるぶしが見えるほどになっていたり、ショールやマンティーラとよばれるスカーフで頭や肩をすっぽり覆っている姿にその特徴をみることができます。男性であれば、細身の上着に腰高に太めの帯を巻いているのがひとつの特徴といえるでしょう。

　これらのような「スペインらしさ」が『フィガロの結婚』の衣装にはっきりとみられたかというと、ボーマルシェがあらかじめ書いた「登場人物の性格と衣装」の記述ほど明確ではないかもしれません。フィガロの衣装はたしかにスペイン風といえるかもしれませんが（幅の広い絹のベルトや、派手な色の短い上衣など）、フィガロのフィアンセであるシュザンヌの衣装やアルマヴィーヴァ公爵夫人には、スペインをイメージするような際立った特徴はみられないようにも思います。

　すでに述べたように『フィガロの結婚』が、18世紀後半に新しいモードを生んだことは知られていますが、それらの新しいモードが「スペイン風」であったとは、従来指摘されてこなかったように思います。フランスのモードに「スペイン趣味」が明らかにみられたのは、1830年代以降のことでしょう。1830年代はロマン主義の影響で異国情緒のある服装が好まれた時代であり、1850年代以降の第二帝政期にはスペイン出身の皇妃ウジェニーの影響で少なからぬ「スペイン趣味」が

図13-1　ゴヤ、〈日傘〉（1777年、プラド美術館所蔵）

第13章　『フィガロの結婚』から生まれたモード　　135

ありました。特に皇妃ウジェニーの影響として、スペイン風の黒いレースが流行したことはよく知られています。しかし、これらの時代のようなはっきりとした「スペイン趣味」とは異なるものの、『フィガロの結婚』から派生した服飾の流行の背景にも、控えめに「スペイン風」が見え隠れしていたことが上記の配役ごとの衣装の記述からわかります。『フィガロの結婚』は、19世紀以降の「スペイン趣味」をかなり先取りしたものであったともいえるのかもしれません。

3．役柄からモードへ：「フィガロ風」、「シュザンヌ風」の流行

とはいえ、『フィガロの結婚』から派生して流行した実際の服飾の名称には、「スペイン」の言葉はどこにも見受けられません。また、フランスの18世紀後半にスペイン趣味が流行ったなどということは、どの服飾史の概説書をみても、まったく出てきません。これは『フィガロの結婚』から生まれた服飾は、

図13-2 「シュザンヌ風髪型」と「フィガロ風の上衣(ジュスト)」(筆者所蔵) (出典：*Documents pour l'histoire du costume de Louis XV à Louis XVIII*, (1911), Paris, Prometheus, 1982, tome IV より)

すべて、芝居の登場人物の名前をともなって流行したからであると思われます。つまり、主人公のフィガロ、主人公のフィアンセであるシュザンヌ、さらに、フィガロとシュザンヌが仕えている伯爵と伯爵夫人の名前であるアルマヴィーヴァ、さらに、伯爵夫人を慕っている小姓のシェリュバンの役名は、頻繁にモードのなかに現れました。具体的には、当時のファッション・プレートに、それらを多くみることができます。これらの役名がついた服飾の流行は、当然、『フィガロの結婚』の芝居そのものの大成功のたまものといえる現象でありました。つまり、「スペイン風」だからという理由で、流行ったわけではなかったのです。

図13-3 「シェリュバン風の帽子」「アルマヴィーヴァのブルス」（筆者所蔵）（出典：*Documents pour l'histoire du costume de Louis XV à Louis XVIII*, (1911), Paris, Prometheus, 1982, tome IV より）

図13-4 「シュザンヌ風上衣（ジュスト）」（筆者所蔵）（出典：*Documents pour l'histoire du costume de Louis XV à Louis XVIII*, (1911), Paris, Prometheus, 1982, tome IV より）

　特に、フィガロとシュザンヌの名前は、ありとあらゆるものにつけられている有様でした。「シュザンヌ風髪型」「シュザンヌ風帽子」「シュザンヌ風上衣（ジュスト）」「シュザンヌ風カラコ」「フィガロ風マント」「フィガロ風上衣（ジュスト）」「フィガロ風くつした留め」など、実にさまざまです[iii]。

　以下に、実際にファッション・プレートに描かれた実例をあげてみましょう。いずれも、当代一流の服飾図集『ギャルリー・デ・モード・エ・コスチューム・フランセ』の1785年版に掲載されたファッション・プレートです。

　図13-2は、「パレ・ロワイヤルのあたりを散歩している美しい女性」で、「シュザンヌ風髪型」をしており、「フィガロ風の上衣（ジュスト）」を身につけている、と説明されています。「フィガロ風」は、男性だけが身につけるわけではなかったようです。

　図13-3にも、『フィガロの結婚』から生まれた服飾がみられます。説明文によると、「シェリュバン風の帽子」をかぶり、「アルマヴィーヴァのブルス」と

いう髪の毛を束ねる袋で髪をまとめており、やはり「フィガロ風の上衣（ジュスト）」を身につけています。この女性の姿も散歩の様子とされています。

図13-4は「夏服」で、これもやはり「フィガロにおけるシュザンヌ風上衣（ジュスト）」と説明されています。そして、当時人気のあったヴァリエテ座において、『フィガロの結婚』を楽しく見てきたあとの様子であろう、という文章も添えられています。つまり、観客たちが、芝居の登場人物と同じ服装をして見に行っていたこともわかります。

以上のように、『フィガロの結婚』の芝居としての評判の高まりとともに、芝居の封切りの次の年には、ファッション・プレートにも、頻繁にこの演目から生まれた服飾が描かれるようになっていました。まさに大流行といった趣でした。

4．芝居とモード

このような『フィガロの結婚』の芝居から多くの服飾の流行が生まれてくるという現象は、実は18世紀においては、特別なことでもありませんでした。ほかにもさまざまなモードが、芝居から生まれてきた時代であったからなのです。

18世紀の女性服飾の代表的な存在であったパニエも、喜劇から生まれたものですし、『フィガロの結婚』のシュザンヌ役を演じて評判になった女優のルイーズ・コンタ Louise-Françoise Contat（1760年-1813年）は、ほかの演目を演じても、そこから必ずといっていいほど、あらたな流行を生み出すほどの人気ぶりでした。たとえば、『バヤールの恋』（1786年）という芝居のなかで、コンタはランドン夫人という役柄を演じましたが、そこから、「ランドン風ボンネット」や「バヤールの恋髪型」などの流行が生まれていました。そのように考えると、芝居からモードが生まれたのは、役者の高い人気のおかげであり、憧れの役者の服装をまねてみたいと観客が思っていた証である、という側面も色濃かったといえるでしょう。

18世紀は芝居がパリジャンおよびパリジェンヌたちにとってとても身近な存

在であり、身分の高低にかかわらず、足しげく芝居小屋を訪れたものでした。人気の高い役者が出てくれば、拍手喝采、大歓声でかれらを迎えたものでした。芝居は18世紀のパリの人びとにとって、もっとも楽しい娯楽であったわけです。そこから服飾の流行が生まれるのは、当然のなりゆきでした。

　さらに、芝居小屋は上でも述べたように、平土間で観劇する庶民階級から上は王族まで、ありとあらゆる身分の者たちが、同じ空間で同じ演目を楽しむ場でもありました。フィガロとシュザンヌの役柄の服飾の大流行は、この役柄が、貴族に仕えていた使用人であったということを考えると、実は庶民階級の服飾が貴族たちにも流行したという意味をも内包していました。この時代に至るまで、服飾の流行はすべて宮廷から発信されていた事実があったことを考えてみると、このように芝居から流行が発信されるという現象は、ある意味画期的なことでもありました。つまり、服飾の流行における、身分の下克上のきっかけにもなったからです。

　このように、芝居から生まれるモードによって、18世紀後半には貴族階級が庶民の衣装をまねる、模倣する、という事態を招くことにもなりました。「フィガロ風」「シュザンヌ風」などと名前がついた服飾は、その典型例です。そのこと自体が、フランス革命の土壌をはぐくむことになったかどうかは、安易には言えませんが、18世紀後半のパリ・モードのひとつの特徴として、庶民の服飾が貴族に取り込まれていったことは指摘しておかなければなりません。それらの現象が、芝居が介在したものであったからこその結果であるという点も、指摘しておくべきことなのでしょう。

［注］

i　　ピエール＝オギュスタン・カロン・ド・ボーマルシェ『フィガロの結婚』石井宏訳・解説、新書館、1998年、pp.11-14。

ii　　Madelaine Delpierre, *Se vêtir au XVIIIe siècle*, Paris, Adame Biro, p.84.

iii　Émile de la Bédollière, *Histoire de la mode en France*, 1858, pp.136-137.

第13章　『フィガロの結婚』から生まれたモード　139

事 項 索 引

あ 行

アール・ヌーヴォー　47
『アール・グー・ボーテ』　118, 119
アール・デコ　87, 117
アランソン・レース　95, 97
イギリス・レース　95, 98
生きる悦び　40, 41, 58, 59
印象派　11-13, 40-43, 45, 48, 60
ヴァトー・プリーツ　29, 65, 66
ヴァランシエンヌのレース　56
ヴェール　46, 95, 98, 105, 107
ヴェール・ランバル　64
ウェディング・ドレス　99, 101
ヴェルサイユ　85
ヴェルサイユ宮殿　79
ウォルト　60
演劇　10, 28, 29, 31
燕尾服　53, 57, 58
オートクチュール　41, 42, 60, 86
オペラ　121, 132
オルセー美術館　11, 12

か 行

絵画　10-13, 29, 37, 38, 45, 48, 64, 66, 69, 78
雅宴画　28, 29, 31, 37, 38, 40, 47, 59, 66, 135
化学染料　52, 53
型紙　42, 53, 72, 76, 80, 90, 115, 116
家庭裁縫　43, 53, 90, 116
髪型　55, 72, 74, 85, 109, 137
ガラスの靴　122, 127, 129
冠婚葬祭　85, 90, 93, 101, 109
慣習　17-19, 22, 23, 55, 95, 105
既製服　42, 69, 75, 76, 80
ギャラン　32, 37
ギャラントリー　31, 32, 35, 37, 38
『ギャルリー・デ・モード・エ・コスチューム・
　　フランセ』　137
宮廷　17, 18, 20, 22-24, 28, 85, 88, 89, 101, 112, 134
京都服飾文化研究財団　51, 79
ギリシャ風　64
靴　98, 122-130, 133
靴下　133

さ 行

くつした留め　30, 37, 133
クリノリン　41, 63
黒いレース　46, 75, 105, 136
毛皮　118, 124-130
結婚　94, 95
結婚式　95, 96
現代性　12, 45
広告　112, 114-119
国立新美術館　40, 45, 50
古典趣味　64
コルセット　48, 114
婚礼衣装　95

裁縫　86
雑誌　42, 86, 89, 118
作法　18, 23, 102, 106
作法書　19, 20, 41, 88, 91, 93, 94, 99, 101, 105, 109,
　　110
シェリュバン風　137
シカゴ美術館　11
実物の服飾遺品　11
芝居　14, 121, 132, 133, 138, 139
社交　23
社交界　32, 54, 55, 57, 90, 105
『社交界の慣習』　91
社交生活　87
シャンティのレース　46
シュザンヌスタイル　133
シュザンヌ風　136, 138
乗馬服　45
シルクハット　46, 57
白いレース　97, 105
『シンデレラ』　122-124, 126, 127, 129, 130
シンデレラの靴　130
スペイン　46, 75, 133-136
スペイン趣味　134-136
スペイン風　46, 134, 135
スリッパ　127, 128
生活文化　22-24
折衷主義　64
扇子　54, 57

装飾芸術　61, 64

た　行

第二帝政　50
第二帝政期　41, 60-64, 66, 68, 81
通信販売　53
ディズニー　123
デザイナー　41, 117, 119
デパート　60, 80
展覧会　11-13, 68, 71, 76, 77, 80
トック帽　134
ドレス・コード　87

は　行

バッスルスタイル　53
花嫁衣装　93-99, 106, 108, 109
パニエ　138
パメラ帽　64
バヤールの恋髪型　138
パリ万博　70, 71
百科全書　22
百貨店　41, 42, 53, 80, 115, 116
ノアウール　32-34, 37
ファッション・イラスト　117
ファッション写真　116
ファッション・プレート　11-13, 40, 42-45, 61,
　　85-87, 90, 91, 99, 109, 113, 114, 136-138
『フィガロの結婚』　34, 37, 64, 132, 134-138
フィガロ風　136, 137
フィガロ風くつした留め　137
フィシュ　74-76, 78, 79, 107
フィシュ・シュザンヌ　64
フィシュ・マリー・アントワネット　72, 74, 75
『フェミナ』　116, 117
服喪　94
『婦人グラフ』　87
舞踏会　50-52, 54-58, 62, 69, 94, 122
フランス国立図書館　102
プランタン　42
文学　10, 11, 13-15, 34, 61, 121, 123
部屋着　29, 48, 65, 66, 133
帽子　18, 20, 21, 46, 114, 133, 134, 137
ポーラ美術館　11
ポショワール　87
ボビンレース　46, 56

ポンパドゥール帽　64
ボン・マルシェ　42, 60

ま　行

魔法の靴　130
マリー・アントワネット関連服飾　75
マリー・アントワネット帽　74
ミュール　128
ムーラン・ド・ラ・ギャレットの舞踏会　51, 52,
　　58
メディア　13, 83, 84, 93, 112
メトロポリタン美術館　11, 70, 73, 79
モード　11-13, 17-24, 40-42, 45, 48, 50, 54, 58-60,
　　62-64, 66, 68, 69, 71, 84, 88, 89, 91, 93, 97-99,
　　101, 107, 109, 110, 112, 132, 134, 136, 139
モード雑誌　13, 23, 41-43, 45, 50, 53, 54, 58, 61-63,
　　80, 84-87, 89-91, 93, 96, 99, 101, 106, 109, 110,
　　112, 113, 117, 118
モード写真　13
喪服　93, 96, 101-110

ら　行

ラウンジスーツ　58
ラ・ド・サン・モール　103
ラ・ベ通り　41, 119
『ラ・モード』　113, 115
『ラ・モード・イリュストレ』　91, 94, 96, 99, 106,
　　108-110, 114-116
ランドン風ボンネット　138
ランバル風ヴェール　64
ランバル帽　64
リスの毛皮　124, 125
リボン　28-38, 47, 52, 54, 55, 75, 107, 133
ルイ15世様式　41, 61
ルイ15世スタイル　62
ルイ16世様式　41, 61
ルイ16世スタイル　62
ルーヴル百貨店　43
『ル・フォレ』　114, 115
礼儀作法　17-19, 22, 23, 61, 86, 87, 89, 90
礼儀作法書　17, 18, 23, 41, 48, 84, 87-91, 93, 95,
　　107, 110
レース　46, 54-56, 94, 103, 115
レンタル　52
ローブ・ア・ラ・フランセーズ　72, 73

事項索引　　141

ロココ　28, 40, 41, 47, 60, 64, 66, 68, 69
ロココ趣味　60-63, 71, 80, 81

Art gout beauté　87
Femina　87
Galerie des modes et costumes français　85
Gazette du bon ton　87

Harpers' bazaar　86
La mode　86
La mode illustrée　43, 45-47, 50, 54-56, 62-64, 69,
　71, 73, 79, 80, 86, 90, 91
Mercure Galant　85
Vogue　86

人 名 索 引

あ・か行

アルマヴィーヴァ　133, 135-137
アントワネット, マリー　21, 41, 61, 64, 68-81
ヴァトー, アントワーヌ　28, 29, 60, 65, 66, 68,
　　71, 80, 81
ヴァットムッレル　77
ヴァラドン, シュザンヌ　54
ヴィンターハルター　61, 70
ヴォージェル, リュシュアン　87
ウォルト, シャルル, フレデリック　41, 69
ヴォワチュール　32, 33
ウジェニー　41, 46, 61, 68-71, 75, 81, 135, 136
ガヴァルニ　86
カスティリオーネ　18, 88
ギース, コンスタンタン　12
クルタン, アントワーヌ・ド　19
ゴヤ, フランシス　135
コラン姉妹　86
ゴンクール兄弟　61
コンタ, ルイーズ　138

さ・た行

サンド, ジョルジュ　86
シェリュバン　34, 35, 38, 133, 136
ジャンリス夫人　22
シュザンヌ　34, 64, 133, 135-139
ジラルダン, エミール・ド　86
シンデレラ　123, 124, 126-130
スタッフ夫人　91, 93, 95, 96, 105, 106
セザンヌ　45
ゾラ　13
ソレル, シャルル　20
ティソ, ジェームズ　54
デュルフェ, オレノ　31
トゥードゥーズ, アナイス　61
ドルヴァル夫人　95

トロワ, ジャン, フランソワ, ド　29, 30, 37, 38

な・は行

ナポレオン3世　41, 60, 69
パメラ　64
バルザック, オノレ・ド　86, 124, 125
バルビエ, ジョルジュ　87
ビア　119
ファレ, ニコラ　18, 19
フィガロ　133, 135-139
ブーシェ　40
フラゴナール　40, 47
ペロー, シャルル　123-129
ペロー, ジャン　56
ボードレール　12, 13
ボーマルシェ　34, 35, 132, 134, 135
ポショワール　117
ポンパドゥール　64

ま・ら行

マラルメ　13
モーツァルト　132
モネ, クロード　12, 44, 52
モリエール　19
モンテスキュー　21
ラ・ブリュイエール　21
ランクレ, ニコラ　29-31, 38
ランテ　86
ランバル　64
ランブイエ侯爵夫人　32
ルーベンス　28
ルソー　35-38
ルノワール　13, 40, 41, 45, 47, 48, 50, 52, 54, 57-60
ルパップ, ジョルジュ　87
ルブラン, ヴィジェ　77
ルロワール, エロイーズ　61, 86

著者紹介

内村　理奈（うちむら　りな）
お茶の水女子大学大学院人間文化研究科博士課程単位取得満
期退学、博士（人文科学）。跡見学園女子大学准教授を経て、
現在、日本女子大学家政学部被服学科准教授。専門は西洋服
飾文化史。著作に『モードの身体史：近世フランスの服飾に
みる清潔・ふるまい・逸脱の文化』（悠書館、2013年）、『ヨー
ロッパ服飾物語』（北樹出版、2016年）、編著に『ファッション
ビジネスの文化論』（北樹出版、2014年）、共著に『フランス・
モード史への招待』（徳井淑子監修、悠書館、2016年）ほか。

ヨーロッパ服飾物語Ⅱ

2019年11月5日　初版1刷発行

著　者　内村　理奈
発行者　木村　慎也

定価はカバーに表示　印刷／製本　新灯印刷

発行所　株式会社　**北樹出版**
〒153-0061　東京都目黒区中目黒1-2-6
URL：http://www.hokuju.jp
電話(03)3715-1525(代表)　FAX(03)5720-1488

© Rina Uchimura 2019, Printed in Japan　ISBN 978-4-7793-0615-0
（落丁・乱丁の場合はお取り替えします）